목헌 교수의

더블린 서신

Letters from Dublin

목헌 지음

뉴스핌

목헌 교수의

더블린 서신

발행일 2023.04.05
저 자 목헌
발행처 뉴스핌
발행인 민병복
주 소 서울시 영등포구 국제금융로 70, 미원빌딩 906호
전 화 02-761-4409
디자인·편집 ㈜미래엔
인 쇄 ㈜미래엔

정 가 12,000원
ISBN 979-11-950458-3-9

차례

1부 들어가며

2부 목헌 교수의 더블린 서신

3부 여운기 전 주아일랜드 대사님과의 인터뷰

4부 부록

Letters
from
Dublin

1부

들어가며

[유럽의 실리콘밸리 아일랜드]

‘감자농사’ 빈국서 1인당 명목GDP 세계 2위로

2023년 1월 05일

바이든 포함 미 대통령 24명이 아일랜드계
한 · 아일랜드 수교 40년에도 ‘낯선 나라’
광우병 중단 23년 만에 소고기 수입 임박

[편집자 주] 뉴스핌이 아일랜드를 찾아갑니다. 한반도의 3분의 1 땅에 인구 500만의 작은 섬나라 아일랜드는 영국의 오랜 식민지배를 받았습니다. 아일랜드공화국(Irish Republic, 수도 더블린)과 영국령 북아일랜드(Northern Ireland, 수도 벨파스트)로 나뉜 분단국가이기도 합니다.

올해로 창간 20주년을 맞는 종합뉴스통신 뉴스핌이 아일랜드에 주목한 건 글로벌 최저 법인세 정책 등으로 1인당 GDP 세계 2위로 자리매김한 배경과 속사정이 궁금해서입니다. 평화 협정으로 통일 프로세스를 밟고 있는 아일랜드의 사례가 한반도 평화와 통일에 어떤 인사이트를 줄 수 있을까 하는 점도 그렇습니다.

현지의 전문가와 학자 · 외교관 등이 머리를 맞대고 그 해답을 모색하는 진지한 여정에 함께해 주십시오.

[서울=뉴스핌] 이영종 전문기자 = 아일랜드 수도 더블린의 리피 강변에는 헐벗은 남녀가 망연자실한 표정으로 무리지어 선 동상이 있다. 식민 통치기인 1845년 감자 역병과 영국 정부의 방치로 820만 명의 인구가 불과 10년 만에 650만 명으로 줄어든 대기근(The Great Famine) 희생자를 추모하는 상징물이다.

무려 170만 인구가 굶어죽거나 미국과 호주 · 캐나다 등지로 떠났다. 1911년 인구통계는 인구 440만 명으로 기록돼 있다. 지난 2021년 기준 아일랜드 인구는 498만 명. 여전히 대기근 참상 당시의 수준을 회복하지 못하고 있다.

물론 기근을 피해 떠난 아일랜드계 이민자들의 성공과 영광도 있다. 조 바이든 현 대통령(제46대 미 대통령)과 버락 오바마, 지미 카터, 조지 부시, 빌 클린턴, 존 F 케네디 등 24명의 미국 대통령이 아일랜드계다.

1963년 6월 아일랜드 국회에서 연설한 케네디 대통령은 "나의 증조부가 아일랜드를 떠나지 않았다면 나는 지금 이 곳 의회에(아일랜드 의원 자격으로) 앉아 있었을 수도 있다"고 발언한 일화가 있을 정도다.

미국 인구 3억 3800만 명 가운데 3500만 명이 아일랜드계로 분류된다.

분쟁에 휩싸인 아일랜드인들의 삶을 그린 영화 '벨파스트'(2022, 케네스 브래너 감독)는 "아일랜드인은 떠나기 위해 태어난다"는 대사로 이런 역사를 함축했다. 아일랜드의 문호(文豪) 제임스 조이스가 "떠나가는 그들에게 머무르라고 말할 수 없다"고 묘사했던 것처럼 말이다.

'유럽의 아프리카'에서 해외기업 유치로 우뚝

하지만 지금의 아일랜드는 이전과 확 다르다. 여운기 한·아프리카재단 이사장(전 아일랜드 대사)은 뉴스핌과의 인터뷰에서 "한때 '유럽의 아프리카'로 불리며 '감자농사나 지어 먹고사는 가난한 섬나라'로 여겨졌던 아일랜드는 잊어버리는 게 좋다"고 조언했다.

무엇보다 지표가 이를 명료하게 알려준다. 지난 2022년 기준 1인당 명목 GDP(국내총생산) 10만 2217달러. 룩셈부르크에 이어 세계 2위다.

페이스북 본사인 메타와 구글·애플·마이크로소프트·트위터·IBM·인텔·존슨앤존슨 등 무려 700여개에 이르는 굴지의 다국적 기업들이 아일랜드에 유럽 본사를 두고 있다. 이 곳이 '유럽의 실리콘밸리'로 불리는 배경이다.

비결은 12.5%인 글로벌 최저 수준의 법인세 세율이다. 이는 유럽연합(EU) 평균 25%의 절반 수준에 불과하다.

지난달 국민의힘 최형두 의원이 "우리나라 법인세는 최고 25%이고 지방세까지 감안하면 27.5%"라면서 브렉시트(Brexit) 이후 각광받고 있는 아일랜드의 법인세율을 예시하고 나선 것도 이런 맥락이다.

아일랜드는 다양한 세제혜택을 가미함으로써 외국계 투자기업의 대거 유치에 성공했고, 낮은 세율에도 불구하고 전체 세수의 20%를 이렇게 거둬들이고 있다. 27만개의 일자리 창출도 경제를 윤택하게 하는 데 뒷심을 보태고 있다는 분석이 나온다.

이런 세제 제도를 20년 넘게 안정적으로 유지하는 것도 장점으로 꼽힌다. 법인세를 올리면 더 많은 세입이 가능했겠지만 아일랜드는 12.5%를 고수했다. 제도상의 뒷받침에다 EU회원국 가운데 사실상 유일한 영어 사용권이란 점도 미국 등 서방의 기업이 몰리는 요인이 됐다.

러시아의 우크라이나 침공에도 불구하고 유럽의 가장 서쪽에 위치해 가장 안정적인데다 유연한 고용시장과 높은 인력수준도 매력 포인트다.

독일 · 프랑스의 법인세율 상향 압박에 조세경쟁력 '빨간불'

물론 이런 성장에는 그늘도 없지 않다. 미국을 위시한 다국적 기업에 지나치게 의존하다보니 아일랜드 경제의 실상이 왜곡되고, 경제 지표들이 제대로 된 상황을 반영하지 못한다는 지적이다. 미국 경제학자인 폴 크루그만이 이런 상황을 아일랜드 전래동화 속 요정의 이름에 빗대 '레프러콘 경제(Leprechaun Economy)'라고 폄하했던 게 현실이 되는 것 아니냐는 우려도 나온다.

글로벌 최저세율에 대한 독일 · 프랑스 등 여타 유럽 국가들의 비판과 견제가 강해지면서 15%로 맞춘 세율을 2023년부터 시행하기로 했고, 아일랜드도 이에 동의한 상황이다.

지난해 말 미국 조세재단이 공개한 국제 조세경쟁력 지수를 보면, 한국의 세금 경쟁력은 2017년 경제협력개발기구(OECD) 38개국 가운데 12위였는데, 지난해에는 25위로 13단계 하락했다.

그런데 아일랜드는 법인세율 상향조정 압박 요인 등으로 19단계 하락해 가장 낙폭이 컸다. 여기에 최근의 글로벌 경제 위기도 부담이다. 아마존과 트위터 등 미 IT(정보기술) 업계가 대규모 감원에 들어가면서 아일랜드는 바짝 긴장하고 있다.

파이낸셜타임스는 지난해 11월 17일자 보도에서 "미국 거대 IT기업의 감원으로 단기적으로 아일랜드에서 수백 개 일자리가 없어질 것"이라며 "거대 기술기업에 의존하던 아일랜드에 경종이 울렸다"고 전했다.

물론 아일랜드가 누리던 혜택이 당장 사그라들지는 않을 것이란 낙관론도 만만치 않다. 미국 화이자는 지난달 1일 더블린의 생산 공장에 12억유로(약 1조6400억원) 이상의 투자를 하겠다고 밝혔다. 코로나19 백신의 글로벌 공급 네트워크에서 중요한 역할을 해왔다는 점에서 화이자가 아일랜드 법인에 대한 투자 가운데 최고 금액을 투자하는 조치를 취한 것이다.

"아일랜드 평화 프로세스, 尹정부 '담대한 구상'과 접목 가능"

아일랜드는 12세기 중엽부터 750년간 영국의 식민통치를 받았다. 훨씬 앞서 5세기 무렵 켈트족과 게르만족의 충돌이 시작됐다는 점에서 켈트 계 게일족인 아일랜드인과 게르만 계 앵글로-색슨족인 영국인 사이에는 뿌리 깊은 민족 갈등이 자리하고 있다.

아일랜드섬 32개 주(county) 가운데 26개는 독립해 1922년에는 아일랜드 자유국을 설립했고, 북동부 6개주는 영국령 아일랜드로 잔류하면서 분단됐다.

1998년 영국과 아일랜드공화국 정부, 북아일랜드 사이에 '성금요일 협정(Good Friday Agreement, 일명 벨파스트 협정)'으로 불리는 평화협정이 맺어짐으로써 합의 이행 형태의 평화 프로세스가 시작됐다. 이후 국경이 철폐되고 남북 양측의 수반을 대표로 하는 공동회의체를 통해 정책을 협의하고 12개 경제분야 합의사항 이행 등 교류·협력을 이어오고 있다.

이몬 맥키(Eamonn McKee) 전 주한 아일랜드 대사는 "한반도 통일은 아직 요원한 상태이고, 특히 남북한의 분단이 70년 넘게 지속된 상황이지만 아일랜드 평화 구축의 경험은 한국민에게도 관심이 대상이 될 수 있을 것"이라고 말했다.

협정 이행 과정에서 가장 난제 중 하나였던 북아일랜드 반영(反英) 테러조직인 아일랜드공화국군(IRA) 무장해제는 한반도 통일이나 북한 비핵화에 좋은 시사점을 줄 것이란 지적도 나온다.

김정노 한국통일외교협회 부회장(『한반도 평화 프로세스』 저자)은 "체제 대결이나 흡수형 통일이 아닌 합의형 평화 프로세스를 이행중인 아일랜드의 노정과 경험을 윤석열 정부의 대북 로드맵인 '담대한 구상'과 접목시킬 필요가 있다"고 분석했다.

덕수궁 석조전 지은 고종황제 재정고문은 아일랜드인

한국과 아일랜드는 올해 10월 수교 40년을 맞는다. 양국은 아픈 식민통치의 기억을 공유하고 있고 분단경험도 있다. 분쟁과 갈등이 지배하던 빈국에서 단기간에 경제적 부흥을 이룩한 성취도 함께한다. 언더우드 선교사의 부인 릴리어스 호튼 언더우드가 한국을 '아시아의 아일랜드'라 부른 것도 이런 배경에서다.

한-아일랜드 교류는 공식 수교 훨씬 이전인 19세기 말에 시작됐다. 최초의 해외 유학생으로 미국에 갔던 유길준은 1885년 귀국길에 유럽을 경유하면서 아일랜드를 찾았다. 1892년부터 고종 황제의 재정고문으로 임명돼 덕수궁 석조전 건축과 파고다공원(현 탑골공원) 건설을 주도한 존 맥리비 브라운이 아일랜드 사람이다.

작곡가 겸 지휘자인 안익태는 1938년 2월 아일랜드 라디오 교향악단의 객원 지휘자 자격으로 더블린의 게이어티 극장(Gaiety Theater)에서 코리아 판타지를 선보이기도 했다. 이런 오랜 교류 역사와 경험 공유에도 불구하고 한국과 아일랜드는 서로에서 낯선 나라다.

최근 아일랜드에서 신세대를 중심으로 K-팝 등 한류 문화가 인기를 끌고 있다. 한국은 최근 광우병으로 불리는 소해면상뇌증(BSE) 사태로 23년간 수입을 금지해온 아일랜드산 소고기 수입을 위해 막판 절차를 진행 중이다.

여운기 이사장은 "아일랜드 대사로 근무하면서 아이리시 음악이나 문학에 우리처럼 한(恨)이 깃들어 있다는 걸 느꼈다"며 "한-아일랜드 40년을 맞는 올해 양국 관계가 새로운 발전의 전기를 맞았으면 한다"고 말했다. 무엇보다 법인세 인하 등으로 해외 유수 기업의 유치에 성공해 경제적 어려움을 이겨낸 아일랜드는 2023년 복합위기 봉착을 맞고 있는 한국에 좋은 시그널을 줄 수 있을 것이란 얘기다.

2부

목헌 교수의 더블린 서신

목헌 교수의
더블린 서신

01

잘 살지 못하는 이웃을 주저없이 돕기 때문에 잘 사는 아일랜드

…… 요사이 아일랜드에 비상이 걸렸다. 각 지역의 종합 병원 응급실에 대기자 숫자가 급증했기 때문이다. 응급실 내의 병상이 부족하여 환자 이송용 간이 병상을 대신 사용하게 되고, 이 간이 병상들이 병원 곳곳 복도의 양쪽에 꼬리에 꼬리를 물고 줄지어 서있는 형국이다.

이런 병상들마다에는 아직 치료를 제대로 받지 못한 환자들, 특히 목숨이 위태로울 지경은 아니어서 당장 의료진의 손길이 미치지 못하는 환자들이 누워서 하염없이 순서를 기다리고 있다.

지난 연말에는 아일랜드 전역의 병원에 환자가 이처럼 대기해야 하는 간이 병상수가 500여개를 돌파해 의료진들이 비상근무에 들어가는 상황이 벌어지기도 했다. 긴급 조치로 이런 병상 숫자가 400여개로 줄어들었으나 여전히 이 나라의 가장 큰 화두로 매일 뉴스에 보도되고 있다.

명목상 국민 1인당 총생산(nominal per capita GDP) 세계 2위(한국은 30위), 실질적 국민 1인당 총생산(real per capita GDP) 세계 3위(한국은 29위)를 자랑하는 아일랜드의 현주소이다. 이렇듯 개인적으로 부유함에도 불구하고 아일랜드는 경제협력개발기구(OECD) 국가 중에서 국민 1000명당 병상수가 25위로 뒤쳐져 있다.(한국이 1위, 미국은 26위, 영국은 30위, 스웨덴은 31위)

아일랜드의 국민 1인당 정부의 의료 지출이 OECD의 다섯번째로 높은 데도 이런 상황이 벌어지고 있다. 왜 아일랜드는 지표상으로 볼때 세계 최고 수준의 잘 사는 나라가 되었는데도 이러한 국가적인 의료 혼란이 일어났을까. 도무지 알 수 없는 일이다.

많은 사람들에게는 영토나 인구면에서 작은 규모의 나라라 여겨질 수 있다. 하지만 전 세계에 퍼져있는 7500만명의 재외 아일랜드 국민(Irish Diaspora)은 현재 미국 · 영국 · 호주 · 캐나다 등에서 정치와 경제 · 문화 · 예술 · 과학 · 기술 등의 제 분야에서 돋보이게 활약을 하고 있는 게 사실이다.

아울러 그간의 아일랜드 민족의 3대 비통사, 즉 ▲12세기 부터 시작된 800여년의 영국 식민지사 ▲인구의 3분의 1이 아사 또는 이민으로 줄어들었던 1845년부터 5년에 걸친 3차례의 감자 역병과 대기근 사태 ▲1960년대 이후 30여년 간, 3500여명의 희생자를 낳은 북아일랜드에서의 가톨릭-개신교 간의 테러 분쟁 등의 상흔들이 아물고 이제는 경제적인 안정과 사회적인 화합과 민족적인 평화를 전 세계에 자랑스럽게 보이는 아일랜드가 아닌가.

누구든 궁금증을 갖고 질문할 수밖에 없는 모순된 현실이라 할 수 있다. 놀라운 사실은 이런 상황에서도 켈틱 호랑이(Celtic Tiger)라 불리는 아일랜드 민족의 내면에 본질적으로 서려있는 참으로 아름다운 면모가 있다는 것이다.

수십 수백년 전부터 지녀왔던 불우한 이웃을 거리낌 없이 받아들이고 도와주는 성품이 그것이다. 자신도 찢어지도록 가난하여 가지고 있는 것이 하나도 없음에도 불구하고 그나마 가지고 있는 모든 것을 나그네에게 그리고 이웃에게 베푸는 너그러움이 그들에게 있다는 것이다.

통계로 설명하면 조금 더 이해하기 쉬우리라 생각된다. 아일랜드의 총 인구는 지난 연말 기준으로 512만명이다. 여기에 더하여 정치·경제·종교·인종 탄압 등의 이유로 망명을 신청하여 현재 난민 보호

시설에서 그 처리를 기다리는 사람이 총 8만 9000 여명에 이른다.

이는 국민 1000명 당 173명 꼴로 유럽연합(EU) 에서 가장 높은 수치의 나라들 중의 하나다. 여기에 2022년에 입국한 7만 여명의 우크라이나 전쟁 난민을 추가하는 것을 잊어서는 안된다. 다시 말해 국민 전체가 그들 인구의 3퍼센트를 난민으로 받아들이며, 이들의 의식주 및 교육 · 치안 · 의료 · 복지 등을 공동으로 책임지고 있다는 것이다.

코로나 팬데믹으로부터 겨우 벗어난 아일랜드의 입장에서는 주택 및 의료 시설에 또 다시 큰 부담이 가해질 수 밖에 없는 상황이 아니겠는가.

우리들은 인류 역사상 '서부 개척'이라는 이름으로 인디언들의 땅을 빼앗고 그들을 눈꼽만한 보호구역으로 몰아낸 미국사를 기억한다. 중세 때부터 유대인들을 자신의 땅에서 쫓아낸 유럽의 여러 나라들이 있었던 시대, 아니 심지어 600만명을 학살한 2차 세계 대전을 기억한다. 불과 30년 전, 단 100일만에 약 100만명의 이웃 민족을 학살한 르완다를 기억한다.

이렇듯 본능적으로 자기 가족이나 자기 민족의 생존을 위하여 배타적일 수박에 없음을 증명한 인류 역사에 지금의 아일랜드는 인도주의의 차원에서 이 논리를 완강히 부정하며 살아 숨쉬는 인류애를 실천하고 있는 것이다.

비록 그 결과가 자신의 공동체에게 당장의 피해가 옴에도 불구하고 말이다.

필자는 이러한 이타주의가 우리나라 대한민국에서도 있었음을 기억한다. 과거 군부독재에 항거하다 쓰러진 청년들을 안전한 곳으로 이동시키며 보호하며 치유하는 시민들이 있었다. 찢어지게 가난했을 때 아무것도 가진 게 없었지만 나그네든 걸인이든 따뜻한 밥과 따뜻한 방을 내주는 인심이 우리에게 있었다. 연말에 길 가다가 보이는 구세군 모금함에 주머니 속의 잔돈을 전부 다 털었던 때, 손익을 따지는 나의 머리를 훈훈한 나의 가슴이 선한 길로 다스리던 때가 있었다.

수 많은 불편과 갈등과 모순에도 불구하고, 그리고 간혹 다른 선진국가에 당연히 존재하는 충분한 사회적 인프라의 부족에도 불구하고 현재의 아일랜드가 잘 사는 이유는 잘 살지 못하는 이웃에게 자신과 자신의 것을 아낌없이 나누어 주는, 사람이 살 만한 사회를 유지하고 있기 때문이다.

이를 단순 로망으로만 간과해서는 아니 될 이유는, 앞서와 마찬가지로 통계 수치로 증명할 수 있기 때문이다. 2022년 세계 국가 평화 지수(Global Peace Index) 에서 아일랜드는 3등의 위치를 점하고 있다(한국은 43등). 한 국가가 자국의 정책 및 국제 교류를 통하여 지구촌과 인류에 얼마나 선한 영향을 미치는가를 보여주는 '선한 국가 지수'(Good

Country Index)에서 아일랜드는 늘 선두권을 차지한다.

이 지수가 최초로 개발되고 발표된 2014년 당시에는 세계 1위, 지난 해에는 세계 8위를 유지하고 있다.(우리나라는 2022년에 37위였다.)

자유 시장경제와 자본주의 체제를 도입하면서도 무엇인가 다르게 생각하고 뭔가 달리 행동하는 아이리쉬 국민을 세계가 높이 평가하고 있다는 얘기다.

...... 이 에메럴드 빛 섬 나라, 기네스(Guinness) 맥주의 나라이자 성자와 학자의 나라(The Land of Saints and Scholars). 그리고 세계적인 문인으로 꼽히는 오스카 와일드(Oscar Wilde), 제임즈 조이스(James Joyce), 윌리엄 버틀러 예이츠(William Butler Yeats), 새뮤얼 베케트(Samuel Beckett), 셰이머스 히니(Seamas Heaney) 등을 탄생시켜 인구 대비 노벨상 수상자가 가장 많은 국가.

유로비젼 송 콘테스트 최다 우승을 차지한 나라이자 리버댄스(Riverdance)의 나라.

이 나라의 정치 · 경제 · 사회 · 문화 · 교육 · 과학 · 예술을 짚어보며 우리가 거울로 삼을 만한 것은 없는 지 살펴보는 흥미로운 여정을 독자들과 함께 떠나고자 한다.

02

더블린 산책과 함께 하는 역사 기행

...... 이번에는 아일랜드의 수도이자 전체 인구의 3분의 1이 거주하는 더블린을 산책하면서 이 나라의 민족 역사와 오늘 날의 성장을 이루게 된 배경을 짚어볼까 한다(그림 1).

일찍이 12세기부터 더블린에는 본토 사람들이 아닌 영국 땅에서 건너온 앵글로 노르만 민족이 이주해서 살고 있었다. 이때부터 1937년 독립국이 될 때까지 어언 800년 간 바이킹 민족부터 시작해서 이웃 나라 영국 사람들에 이르기까지 더블린은 이국인들이 차지하며, 항구 지역이란 우수한 입지 조건을 가지고 있었던 리피 강(River Liffey) 어귀인 더블린 만(Dublin Bay) 을 중심으로 도시로서의 발전이 시작된다.

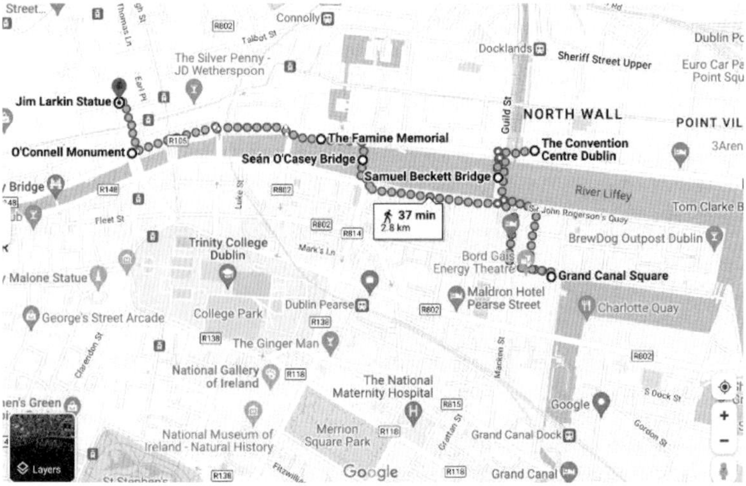

[그림 1] 더블린 시내를 걷는 이번 서신의 여정

어느 나라가 다 그러하듯이 주요 도시들 가운데 항구가 자리한 지역은 대체로 분위기가 험악하고 홍등가가 많은데, 더블린 역시 예외가 아니었다. 그러다보니 1997년부터 총체적인 재개발을 통하여 이제는 새 건물들이 들어서 있는, 꼭 한 번 찾아가야 하는 동네가 됐다.

리피 강 하구에서 상류를 쳐다보면 우선 눈에 띄는 것이 유명한 스페인 건축가 산티아고 칼라트라바(Santiago Calatrava)가 디자인한 새뮤얼 베케트교(Samuel Beckett Bridge)다. '고도를 기다리며'(Waiting for Godot) 등 인간의 고뇌를 심오하게 다룬 희곡 여러 편을 저술하여 "인간의 가장 낮고 처절한 궁핍을 표현함으로써 도리어 인간됨의 승화를 가져왔다"고 평가한 심사위원회의 소감과 함께 1969년 노벨 문학상을 수상했던 새뮤얼 베케트는 아일랜드 트리니티 대학교(Trinity College

Dublin)를 졸업한 후 작품 생활을 프랑스 파리에서 보내게 되며, 희곡 '고도를 기다리며'도 처음에는 불어로 저술하여 1949년에 출판되었다.

마침 베케트의 모교와 그의 대표작을 한국 사람들과 엮어주는 흥미로운 스토리가 있다. 그간 50여년에 걸쳐 1500회 이상 집념과 순수의 예술혼으로 '고도를 기다리며'를 국내에서 공연해온 극단 〈산울림〉이 2008년 10월 해외 연극 평론가들의 극찬을 받아 트리니티 대학교의 학내 실험 극장인 베케트 극장에서 공연을 한 적이 있다.

영어도 불어도 아닌 우리나라에서 공연하던 그대로 한국말로 이뤄졌고, 이를 관람한 더블린 시민은 한쪽 곁에 놓여져 있는 영문 자막 모니터를 전혀 도움 받을 필요없이, 평생 반복하며 읽고 감상하며 사랑하며 자랑스럽게 여겼던 그들의 문학 작품의 영어 대사를 구절 구절마다 기억하며 우리의 연출과 우리의 배우에게 매료되고 있었던 것이다.

이렇듯 누구보다도 문학을 숭앙하는 아이리쉬 민족이 그들의 작품을 탁월하게 해석한 우리나라의 연극인들을 높이 평가하는 모습에서 누구든 혼신을 다하여 닦으며 그 실력이 탁월하게 빛나는 예술의 경지에 이르면 나라와 국경 구분 없이 온 세상이 감동을 받는다는 것을 보여준 멋진 에피소드였다.

이 다리를 건너기 직전 대각선으로 눕혀진 원통형의 더블린 컨벤션

센터(Convention Centre Dublin, CCD)가 있는데 코로나 판데믹 당시 아일랜드 상원의회(시애나드 Seanad)와 하원의회(도일 Dáil)의 의원들이 모두 안전 거리를 지키고 대면하며 자유롭고 민주적인 의사 표명을 가능케 하는 것이 국가적인 필수임을 느껴, 나라에서 수용 인원이 가장 큰 CCD 의 강당을 활용하여 2020-2021 회기를 여기서 개최했었다.

베케트 교를 건너 강 남쪽 지역으로 들어서면 페이스북(Facebook)의 유럽 본사인 메타(Meta) 사옥이 보이고 초현대식 사무실 건물, 세계적인 건축가 다니엘 리베스킨트(Daniel Liebeskind)가 디자인한 예술 공연장 보드 가슈 극장(Bord Gáis Theatre), 5성급 호텔, 그리고 고급 아파트들이 모여 있는 대운하 광장(Grand Canal Square)에 들어서게 된다.

이 대운하 광장은 주중의 오후 시간에 많은 사람들의 휴식 장소로 사용되는데, 광장 중앙에서 구글 유럽 본사를 향하여 서면 아일랜드 섬의 동편 끝 더블린에서부터 반대 서편 끝인 섀논 강(River Shannon)까지를 이어주는 대운하가 펼쳐진다. 10년 동안 7000여명의 작업 인원을 동원하여 1804년에 준공된 수문 43개의 장장 131km 길이의 건설물이다.

당시 물류 뿐만 아니라 사람들의 교통수단으로도 사용되었던 이 운하 수면 위에 폭 4m로 좁으면서 길이가 약 20m인 긴 배들을 말들이 양 편에서 줄줄이 끌어 다니고 있었으며, 철도가 개발되기 전까지 아일랜드의 중요 물류 동맥역할을 100여년이나 맡고 있었다.

이러한 대 공사를 피땀으로 이룩한 아이리시 사람들의 업적에 놀라기 전에 첨언할 것이 있다면 리피 강 북편에 운하를 하나 더 개발하였으니 이름하여 왕립 운하(Royal Canal)다. 이 운하는 대운하보다도 긴 145km, 46개의 수문으로 이루어져 있으며 1817년에 완공되어 아일랜드 섬을 좌우로 관통하는 두 개의 물류 루트가 서로 경쟁을 하는 모양새다.

다시 리피 강변으로 가서 시내 쪽으로 발을 옮기며 다음에 마주치는 다리인 샨 오케이시(Sean O'Casey) 교 중앙 부분에서 리피 강의 상류와 하류를 각각 한 번 바라본다. 리피 강과 앞서 서술한 새뮤얼 베케트교, 그리고 주위의 경치를 관찰하는 데에는 이 이상의 전망 좋은 곳이 없다고 할 수 있다.

상류를 향하여 보면 리피 강이 더블린 뿐만 아니라 아일랜드 전역의 수출입 무역에 실로 큰 역할을 맡았다는 것을 입증하는 18세기 더블린의 전성기 때에 지어져 웅장함과 둥근 돔 탑을 자랑하는 관세청(Custom House)이 가장 먼저 눈에 띈다. 더블린 항에서 들어오는 모든 화물선들, 또 더블린 항으로 나가는 모든 크고 작은 배들이 이 곳에 머물며 세관원들의 검사를 받았다.

보행자만을 위하여 만들어진 샨 오케이시 교의 강 북측에는 세계 도처에 7500만명을 자랑하는 아일랜드 재외국민(Irish diaspora)의 고통스러운 이민사와 이를 극복한 아이리쉬계 이민자들의 업적을 기록한 아일랜드 민족 이민사 박물관(EPIC: The Irish Emigration Museum)이 있다.

매년 30만명의 방문객을 맞이하는 이 박물관은 이스라엘의 텔아비브 대학교 내에 위치한 이스라엘 디아스포라 박물관(ANU: Museum of the Jewish People)과 더불어, 한 민족이 외세 또는 경제 여건 등의 압력으로 이국땅으로 이주하면서 경험한 뼈저리고 처절한 애환과 그 곳에서 자신의 생명을 포함, 모든 것을 걸고 수십년 동안 일하며 바닥에서부터 시작하여 마침내 승리를 맛본 이민자들의 현주소를 기록하여 주는 세계적인 곳으로 꼽힌다. 바로 이러한 이유 때문에 여러차례 한국의 재외동포재단 관계자분들이 방문하고 깊이 연구하기도 하였다.

이어 조금만 걸으면 왜 아일랜드 민족 이민사 박물관 위치를 이 곳으로 정하게 되었는지를 바로 가늠할 수 있는 청동 조각물이 리피 강변에 있다. 조각가 로완 길레스피(Rowan Gillespie)의 〈기아 Famine〉 동상군이 바로 그것이다.

피골이 상접할 정도로 여윈 6명의 아일랜드 백성, 그리고 그 중 맨 뒤에서 걷는 분의 목마를 힘없이 타고 있는 어린이, 그리고 이들의 곁에서 뭐라도 조금 얻어 먹을 수 있을까 따라 다니는 개 한 마리...이 동상 앞을 지나가는 사람치고 숙연해지지 않는 이는 아무도 없다.

이 동상은 과거 찬란했던 아일랜드가 불과 150년 전 몰락의 길을 걸었던 역사를 간직하고 있다. 그것도 중세시대 옛날 옛적의 일도 아니라 산업 혁명으로 영국 제국이 세계를 제패하고 있었던 중에 한 나라와 한 민족이 순식간에 가난과 고통으로 곤두박질하는 참극이라 할 수 있으니 참으로 기구하고 슬프다 할 수 밖에 없다.

18세기 당시 제국임을 자랑하던 영국에서 가장 큰 도시는 런던, 그 다음의 제 2위의 도시는 다름 아닌 더블린이었다. 당시 전 세계의 가장 큰 도시 순위를 꼽더라도 더블린은 런던, 비엔나, 파리 등에 이어 세계 7위의 중요 도시였다.

이 만큼 정치 사회 경제적으로 중차대한 역할을 맡고 있었던 더블린과 아일랜드는 그만 섬 전역의 풍부한 작물로 번성하고 있었던 감자에 심각한 역병균이 번지는 바람에 수확이 급감하게 됐다. 본래는 동물들의 사료로 주로 이용되었던 작물이지만 아이리쉬 백성들이 주식으로 이용하였기 때문에 감자역병의 피해는 클 수밖에 없었다. 자연 재해와 인재의 복합으로 인한 대참사였다.

당시 아일랜드의 대부분의 농작지는 영국의 지주들이 소유하며 소작농 방법으로 경작을 하고 있었고, 따라서 영국에서 필요한 곡식인

밀, 보리, 호밀 등은 매년 아일랜드 백성이 경작하여 지주에게 건네주었으며 영국으로 별 문제없이 수출되었다. 그러나 이 곡식들과는 달리, 1845년 부터 1848년까지의 만 4년 동안 역병으로 인하여 감자 흉작이 연이어지게 되었고 아일랜드 국민은 기아 선상에서 헤매게 되었으며, 안타깝게도 영국에 살고 있었던 지주들은 물론 영국 정부 조차도 이 상황의 조기 보고를 받고도 어떠한 긴급 조치도 취하지 않았다.

이로 인하여 아사한 아일랜드 백성이 약 100만명, 그리고 이로 인하여 아일랜드를 떠난 백성이 약 200만명에 달하였으며, 아일랜드 총 인구는 1841년부터 1871년 사이에 약 4분의 3으로 줄어들어, 지금까지도 총 인구가 당시의 최대 인구인 820만명을 넘지 못하고 있는 실정이다.

〈기근〉 동상군을 보며 무거워진 발이기는 하나, 힘을 내서 2000년 신세기 프로젝트(Millenium Project) 로 개발된 강변 보드웍(Boardwalk)을 걸으며 더블린 시내로 더 들어가자. 우리나라 서울 같으면 광화문 앞길 태평로로 여길 수 있는 더블린의 핵심 대로인 오코넬 가(O'Connell Street)에 다다르게 된다.

오코넬 가는 약 600m의 길이가 되는 더블린 시내의 큰 가로수길로, 영국 제국 당시의 아일랜드와 아일랜드 백성들의 권익이 영국 시민과 동일하게 존중되도록 평생의 정치활동을 통하여 아일랜드의 "해방자(The Liberator)"라고 불릴 정도로 중요했던 다니엘 오코넬(Daniel O'Connell;

1775-1847)을 기념하여 명명된 거리이다. 오코넬 가의 최남단에 그의 커다란 동상이 있다.

오코넬의 동상의 정 반대편, 즉 오코넬 가의 최북단에는 아일랜드 독립을 위하여 평생을 바친 또 다른 정치인 찰즈 스튜어트 파넬(Charles Stewart Parnell; 1846-1891)의 동상과 기념비가 있다.

한 세대 이전의 다니엘 오코넬의 투쟁 덕분에 아일랜드의 여러 문제들이 부각된 상황에서 영국 하원 의원으로 활동한 찰즈 스튜어트 파넬은, 군소당이었으나 영국내의 양대당의 집권과 통치에 큰 영향을 미칠 정도로 중요한 위치를 차지했던 '자치령 당'(Home Rule Party)의 당수로, 아일랜드의 자치를 평생 주창하고 싸워온 아일랜드의 국민적 영웅이었으나 안타깝게도 결국 아일랜드의 자치를 성공으로 이끌지 못하고 세상을 뜨고 말았다.

그 누가 아일랜드 민족의 아들이 아니랄까봐 슬픈 종말이 그에게도 찾아왔을까. 소설가 제임즈 조이스는 〈어느 젊은 화가의 초상〉에서 파넬의 평생의 노력의 열매가 맺어지지 않음에 대하여 무척이나 안타까와 했으며, 이외에도 많은 소설가, 시인 등이 파넬을 애도하는 문학작품을 남기고 있다.

약 50m만 걸어 올라가면, 양팔을 번쩍 위로 들며 수백 수천의 노동자들에게 연설을 하고 있는 모습의 노조 지도자 제임스 라킨(James Larkin)의 동상이 서 있다. 때는 1913년 결핵이 만연하고 영아 사망률이 1000명당 142 명, 그리고 노동자와 그 가족들이 슬럼가에서 굶주리고 있을 때, 짐 라킨과 죤 코넬리(John Connelly) 등 지도자들은 노동자들을 규합하고 조합을 결성하게 된다. 곧이어 이를 경계한 더블린의 많은 산업체 및 기업들이 자진하여 록 아웃(Lock-out; 고용주가 자진하여 작업을 중단시킴)을 개시하게 된다.

7개월간 노동자들의 활동을 불가능케한 이 록 아웃은 비록 자본가들의 승리로 우선 보일 수 있었으나, 결국 여러 노조들이 정식으로 결성되고 기업들이 이를 인정하게 되었으며, 1913년 당시보다도 더 많은 조합원의 가입으로 이어지는 열매를 낳게 되었다.

제임스 라킨 동상을 조금만 지나면 웅장한 아일랜드의 중앙 우체국(General Post Office, GPO) 앞에 도착한다. 우람한 돌 기둥으로 바쳐져 있는 건물, 곳곳에는 총알 또는 포탄에 의하여 그 튼튼한 돌 건축 재료가 쪼개져 나간 흔적들이 보인다.

...... 1916년 4월 기독교 교회력으로는 부활절 주간, 아일랜드 역사의 벡터가 영원히 되돌릴 수 없는 방향으로 새로이 설정되었다. 다음 서신에서 이를 같이 경험하자.

03

영국의 강점에서 벗어나기 위한 처절한 독립 투쟁

...... 아일랜드의 수도 더블린의 가장 중심대로는 오코넬가(O'Connell Street), 이 곳의 가장 대표적인 건물은 아일랜드 중앙 우체국(GPO, General Post Office), 이곳에서 일어났던 가장 역사적인 사건은 1916년 4월의 부활절 항쟁(Easter Rising)이다.

기독교 교회력으로 당시 부활절 주간에 일어났기 때문에 명명된 이 아일랜드 독립운동은, 500 여명의 사망자와 2000여명의 부상자의 피로 더블린 시내 거리를 물들인 참극이다. 아일랜드 역사의 벡터가 영원히 되돌릴 수 없는 방향으로 새로이 설정되는 순간이었다.

1916년은 영국과 프랑스 등 몇몇 국가들이 독일과의 1차 세계 대전을 한창 치르고 있던 때였다. 영국 의회에서는 아일랜드에 약속 했었던 자치령이 전쟁을 빌미로 무기한 연기되고 있었다.

이를 지켜보고 있었던 아일랜드의 독립 운동가들은 많은 대화와 치밀한 준비를 통하여 약 1200여명의 자원 병력을 동원, 더블린 시내의 대여섯 장소를 장악했다. 항쟁 본부격인 중앙우체국에서 독립 선언문을 낭독하고 아일랜드 공화국의 탄생을 선포하게 된다.

때는 4월 24일, 부활절 다음날 월요일이었다(Easter Monday). 이 날 인근 통신소를 탈취한 독립운동가들은 모스 부호로 세계 만방에 아일랜드 공화국 선포를 알리는 전보를 띄웠으며, 이는 아일랜드 최초의 방송으로 기록되었다.

민족 자존을 만방에 공포한 세계 도처 190여 나라의 독립선언문 가운데 미국의 독립선언서(1776), 프랑스의 인간과 시민의 권리선언(1789), 그리고 우리와 우리 민족에게 너무도 소중한 기미 독립선언문(1919)을 우선 떠올릴 수 있다.

정치·종교 차별 거부하고 남녀평등 명시

하지만 아일랜드 독립선언문은 남녀의 평등을 대문자로 명시하고(아일랜드의 선언서는 'IRISHMEN AND IRISHWOMEN'으로 시작한다), 아일랜드 섬에 거주하는 모든 이들의 정치적이고 종교적인 차별을 완강히 거부하는 내용으로 주목 받을만 하다(사진1).

또 국가의 소유는 어느 왕권 또는 소수에게 있는 것이 아니라 그 민족 전체에게 있다("the ownership of Ireland is the right of the people of Ireland")는 점도 분명히 하고 있다. 이와함께 항구적인 국가와 정부의 수립을 위해서 남성은 물론 여성에게도 투표권을 부여하는 민주적인 절차가 이루어져야 함을 명문화한 아일랜드 독립선언문은 매우 강렬하고 수려한 문체로 간결하게 써내려갔다는 측면에서 높은 평가를 받고 있다.

더욱 심금을 울리는 것은 이 선언문을 기초한 이들의 진정성 있고 순수한 민족애다. 선언문의 말미에는 일체의 가식과 교만과 권위주의가 섞여 있지 않음을 증명할 수 있는 부분도 담겨있다. 바로 "참여하는 그 어떠한 구성원도 비겁함이나 비인도적인 행위, 약탈로 우리의 명분을 더럽히지 않기를 기도한다. 이 역사적인 순간, 용맹과 규율 그리고 공익을 위해 희생할 만반의 준비를 갖춘 아일랜드 민족은 그 엄위한 운명의 가치를 스스로 증명받아야 할 것이다"라고 천명한 대목이다.

아일랜드의 독립운동가들은 자신들의 의거가 스스로의 주관적인 정당성 주장보다는 후대와 후손들의 냉철하고도 엄중한 평가를 통해서만 당위성을 확보할 수 있다고 고백하고 있다.

2016년 아일랜드 독립 선언서 공포 100주년을 기념하여 필자가 몸담고 있는 트리니티 대학에서는 영문으로 쓰여진 독립 선언서를 20개 언어로 번역하는 작업을 진행했다.

프랑스어와 독일어, 스페인어 등의 국제 통용어는 물론 고대 헬라어, 라틴어, 히브리어 등의 학술적인 언어가 포함됐다. 특히 한국어로도 번역됐는데 이 과정에 참여한 필자는 아일랜드 역사학자들의 이야기를 들으며 큰 감동을 받았던 기억이 생생하다(사진 1).

그 과정에서 한글을 창제한 세종대왕과 집현전 학사들의 지혜와 헌신을 헤아려 보기도 했다. 나무가 꽃 좋고 열매가 많기 위해서는 그 뿌리가 깊어야 함은 당연한 이치인데, 씨앗이 잘 자라도록 깊은 골을 묵묵히 쟁기질하는 농부의 역할을 맡은 아일랜드의 독립 운동가들 덕분에 이 나라가 이제는 세계에서 두 번째로 잘 사는 나라가 되었음을 가늠할 수 있었다.

아무튼 아일랜드 독립운동가들의 심상치 않은 움직임을 간파한 영국 정부는 계엄령을 선포하고 닷새에 걸쳐 항쟁군이 진을 치고 있는 곳곳에 1만 6000여명의 병력을 동원하여 대처했다. 그리고 독립군이 근거지인 중앙우체국 본부에서 총으로 항거하는 상황에서 영국군은 대포를 동원해 공격을 가했다. 이 때문에 우체국의 견고한 돌 기둥이 쪼개져 나간 흔적들을 아직도 볼 수 있다.

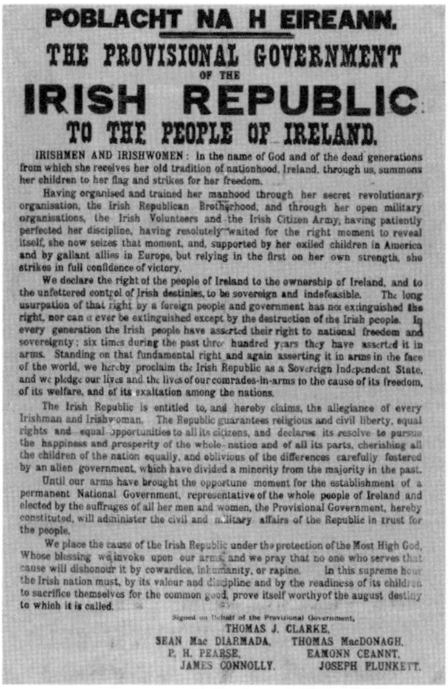

POBLACHT NA H EIREANN.

THE PROVISIONAL GOVERNMENT
OF THE
IRISH REPUBLIC
TO THE PEOPLE OF IRELAND.

IRISHMEN AND IRISHWOMEN: In the name of God and of the dead generations from which she receives her old tradition of nationhood, Ireland, through us, summons her children to her flag and strikes for her freedom.

Having organised and trained her manhood through her secret revolutionary organisation, the Irish Republican Brotherhood, and through her open military organisations, the Irish Volunteers and the Irish Citizen Army, having patiently perfected her discipline, having resolutely waited for the right moment to reveal itself, she now seizes that moment, and, supported by her exiled children in America and by gallant allies in Europe, but relying in the first on her own strength, she strikes in full confidence of victory.

We declare the right of the people of Ireland to the ownership of Ireland, and to the unfettered control of Irish destinies, to be sovereign and indefeasible. The long usurpation of that right by a foreign people and government has not extinguished the right, nor can it ever be extinguished except by the destruction of the Irish people. In every generation the Irish people have asserted their right to national freedom and sovereignty; six times during the past three hundred years they have asserted it in arms. Standing on that fundamental right and again asserting it in arms in the face of the world, we hereby proclaim the Irish Republic as a Sovereign Independent State, and we pledge our lives and the lives of our comrades-in-arms to the cause of its freedom, of its welfare, and of its exaltation among the nations.

The Irish Republic is entitled to, and hereby claims, the allegiance of every Irishman and Irishwoman. The Republic guarantees religious and civil liberty, equal rights and equal opportunities to all its citizens, and declares its resolve to pursue the happiness and prosperity of the whole nation and of all its parts, cherishing all the children of the nation equally, and oblivious of the differences carefully fostered by an alien government, which have divided a minority from the majority in the past.

Until our arms have brought the opportune moment for the establishment of a permanent National Government, representative of the whole people of Ireland and elected by the suffrages of all her men and women, the Provisional Government, hereby constituted, will administer the civil and military affairs of the Republic in trust for the people.

We place the cause of the Irish Republic under the protection of the Most High God, Whose blessing we invoke upon our arms, and we pray that no one who serves that cause will dishonour it by cowardice, inhumanity, or rapine. In this supreme hour the Irish nation must, by its valour and discipline and by the readiness of its children to sacrifice themselves for the common good, prove itself worthy of the august destiny to which it is called.

Signed on Behalf of the Provisional Government,
THOMAS J. CLARKE.
SEAN Mac DIARMADA. THOMAS MacDONAGH.
P. H. PEARSE. EAMONN CEANNT.
JAMES CONNOLLY. JOSEPH PLUNKETT.

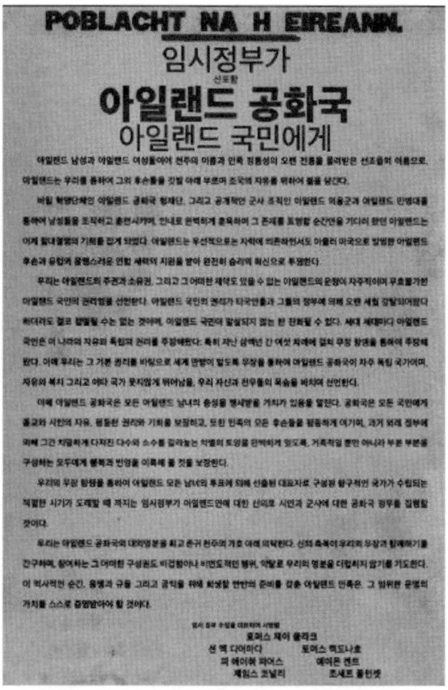

POBLACHT NA H EIREANN.

임시정부가
선포할
아일랜드 공화국
아일랜드 국민에게

토머스 제이 클라크
션 맥 다이어마다 토머스 맥도나호
피 에이취 피어스 에이몬 켄트
제임스 코널리 조세프 플런켓

[사진 1]

(좌) 1916년 부활절 항쟁 당시의 아일랜드 독립 선언문.(우) 트리니티 대학교에서 1916년 아일랜드의 부활절 항쟁 100 주년을 기념하여 독립 선언문을 20개국어로 번역하였으며, 우리말로도 번역이 되었다.(번역 및 감수: 도은지, 목헌)

명분보다 형제 자매의 생명을 더 귀중하게 여기며 더 이상의 시민 피해가 발생하지 않기를 원했던 항쟁군은, 4월 29일에 무조건 항복을 하게 되었고 평화가 다시 되찾아 왔을 때의 오코넬 가는 성한 건물이 거의 없었다. 항복 직후 항쟁 지도자들은 물론 많은 참여자들까지도 속속 체포가 되어 그 수가 3000여명에 이르렀다.

워낙 치밀하면서도 비밀리에 준비되었던 거사였기 때문에, 이에 대한 사전 지식이 전혀 없었던 대부분의 더블린 시민들은 처음에는 항쟁

지도자들의 체포를 지지하였다. 그들의 삶의 근거였던 상점들이 폐허가 되고 사상자 중에 그들의 가족 친척 손님 및 거래선이 포함되다 보니 당연한 일이기도 했다.

이런 여론이 더블린 언론을 통하여 전해지자 대담해진 영국군 지휘부는 항쟁 지도자들에 대한 군법 재판을 열어 독립 선언서 서명자 7인을 비롯하여 총 14명에게 사형을 선고했다. 상소가 더 이상 불가능한 군법 재판을 받은 이들은 킬매인함 형무소에서 마지막 날들을 보내며 가족과는 이별, 민족과는 최후의 작별 서신들을 남긴다.

총살형 집행은 5월 3일 부터 12일까지 이어졌으며, 처음에는 이들에게 차가운 시선을 주었던 더블린 시민들의 마음도 나라와 민족을 위하여 몸과 마음을 불사른 각각의 스토리들이 언론을 통하여 알려지면서 독립 운동가들에 대한 지지로 전환되기 시작했다. 특히 마지막 날에 사형당한 노조 지도자 존 코넬리(John Connelly)의 마지막 순간을 전해 들은 국민들은 크게 분노했다.

영국군은 중앙우체국에서 항쟁을 지휘하다가 발목에 총상을 입는 바람에 제대로 서지도 못하는 상황이었던 코넬리를 의자에 앉히고 밧줄로 묶어 총살형을 집행했다. 이 소식이 온 아일랜드에 전달되자 국민 모두가 침략 국가 영국의 무자비함에 이를 갈았다.

중앙우체국 건물에서 발을 옮기기 전 소개해야 할 한 사람이 떠올랐다. 콘스탄스 마르케비츠 백작 부인(Countess Constance Markiewicz)이다. 여성 독립 운동가이자 독립 정부 수립 후 아일랜드의 정치인으로 활약하였던 마르케비츠는 1916년 부활절 항쟁 직후 체포된 지도자들 중의 한명이다.

그는 본인의 강력한 반대에도 불구하고 여성이었기 때문에 사형 집행이 정지되었다. "나를 법에 따라 총살형을 집행할 예절도 없느냐"고 항의한 그는, 종신 징역형을 살던 중 이듬해인 1917년에 부활절 항쟁과 관련해 징역을 선고 받거나 구금되어 있던 모든 이들에게 특별 사면이 주어지면서 석방 · 복권되었다.

사회에 복귀한 마르케비츠는 1차 세계 대전으로 신병 공급이 절실했던 영국의 병역 징집 제도에 대한 반대 운동을 펼치다가 이내 바로 다시 구속됐다. 그렇지만 열렬한 지지자들의 후보 추천과 선거 운동 덕에 1918년 더블린 지역구를 대표하는 영국 하원의원으로 옥중 선출되었다.

마르케비츠의 하원 의원 선출은 700여년 동안 존재해왔던 영국 의회 사상 최초의 여성 하원 의원이란 기록을 남겼다. 이는 아일랜드는 물론 영국 민주주의 역사에도 큰 획을 긋는 일이었으며, 아일랜드 역사를 이끄는 원동력에 여성의 역할이 얼마나 지대한지를 다시금 알려주는 계기가 됐다.

당시 아일랜드 출신이 영국 하원 의원으로 선출될 경우, 식민지 체제 하에서 강점국의 중앙 의회에 지역구 의원으로서의 직접적인 활동을 일체 거부하는 분위기가 있었다. 마르케비츠도 직접 영국 의회 활동을 하지 않았고, 영국 의회와의 카운터파트 대응 입법기관으로 아일랜드 내에 신설한 아일랜드 공화국 임시 의회(도일 에이란, Dáil Éireann)에 출마해 선출됐다.

아일랜드의 도일 에이란은 일제 강점기 대한민국 임시 정부의 의정원과 유사한 지위와 기능을 했다. 마르케비츠는 이 초대 의회에서 노동부 장관을 지냈으며, 이 역시 유럽에서 정부 장관을 역임하는 최초의 여성으로서 역사적인 이정표를 세우게 된다.

"걸리적거림이 없이 입을 수 있는 치마와 튼튼한 장화 차림을 하라. 그리고 가지고 있는 보석이 있다면 은행에 맡겨놓고 권총을 구입하라."

마르케비츠는 부활절 항쟁 당시 이런 말을 남겼으며 지금도 아일랜드의 중고등 학생들이 배우는 명언으로 간주된다.

"보석은 은행에 맡기고 권총 준비하라" 외친 여성 독립운동가 마르케비츠

마르케비츠는 아일랜드 지주 고어-부스(Gore-Booth) 가문에서 태어났기 때문에 아일랜드의 역사 회오리를 충분히 피할 수 있었다. 하지만 그는 부친이 고향 슬라이고(Sligo)의 저택에서 인근 주민들에게 식량을 무상 공급하는 것을 보고 배우며 일찌기 노동자와 극빈자들을 위하여 가진 것을 아낌없이 나누어 주는 삶을 살고자 했다. 신분도 성별도 구애 받음 없이 오직 민족을 위하여 그 강인한 혼과 정신을 바친 위대한 아일랜드 인이었다.

그리고 이 여성을 중용하는 아일랜드 사회의 전통은 계속되어, 대통령직을 역임했었던 매리 로빈슨(Mary Robinson, 1990-1997), 매리 맥알리스(Mary McAleese, 1997-2011) 등 두 명의 대통령과 린다 도일(Linda Doyle) 현 트리니티대 총장 등 훌륭한 정치가와 학자들이 맥을 잇고 있다.

당시 세계 최강 대영제국에 대항한 아일랜드 국민의 독립운동은 그지없이 자랑스럽기도 하고, 또 결과적으로 그지없이 슬픈 항쟁의 역사라 할 수 있다. 그리고 이런 민중의 희생과 지도자들의 헌신의 열매가 맺어졌다.

이 항쟁 이후 아일랜드 공화국 임시 의회가 생겼으며, 이를 통해서 공화국 임시 정부가 탄생했다. 또 영국으로부터의 독립을 위한 운동은 계속되었다.

결국 많은 아일랜드 사람들의 희생적인 노력과 1차 세계 대전 종전 후의 유럽 내의 걷잡을 수 없는 변동으로 말미암아 1922년 영국-아일랜드 조약(Anglo-Irish Treaty)이 체결됐다.

누가 아일랜드의 역사가 슬픔과 실망의 연속이라고 했던가. 1922년에 체결된 영국-아일랜드 조약은, 아일랜드 섬 전체를 하나의 통일된 국가로서의 독립을 보장하는 조약이 아니라, 북쪽의 6개 군(county)을 제외한 나머지 26개의 카운티 만을 독립이 가능하게 한 조약이었다. 이로 인하여 아일랜드는 아일랜드 자유국(The Irish Free State)과 여전히 영국의 한 부분인 북아일랜드(Northern Ireland)로 나뉜 분단 국가가 되었다.

이 분단은 안타깝게도 아일랜드의 공화국 임시 의회 내에서도 있었다. 일단 독립을 쟁취하였으니 이를 바탕으로 향후 남북간의 통일을 이룩하자며 조약을 찬성하는 의원들과, 32개 카운티가 모두 한 국가에 포함되기 전까지는 절대로 받아들일 수 없다는 조약 반대파로 갈라선 것이다.

더 뼈저린 일은 양 측의 의견 대립이 국민에게도 파급되어 한 마을에 사는 이웃과 이웃 사이, 한 가정에 사는 아버지와 아들 또는 형과 아우 사이, 한 학교에 다니는 친구와 친구 사이를 갈라 놓은 이슈가 됐다. 결국 서로가 총칼을 겨누는 지경으로 추락했고, 아일랜드 내전(Irish Civil War)이 발생하는 결과를 낳았다.

남북 간 이념갈등과 대북 문제를 둘러싼 남남갈등, 정치적 이해관계와 지역 · 계층 간 갈등의 심화로 몸살을 앓고 있는 한국에게도 무거운 교훈을 던지고 있다.

이 내전으로 목숨을 잃은 국민의 수가 그 이전의 독립을 위하여 몸 바친 사람들의 수보다도 많았고, 실로 있을 필요도 없었고 있어서는 안 되는 국가적인 소모와 국가적인 위기가 약 10개월간 지속되었다. 아일랜드의 역사는 수 많은 희생자들의 피로 물든 역사다.

한국에도 잘 알려진 시 '이니스프리 호수의 섬(The Lake Isle of Innisfree)'을 지은 아일랜드의 국민 시인이자 극작가인 윌리엄 버틀러 예이츠(William Butler Yeats)는 1916년의 부활절 항쟁이 종료된 지 얼마 안 되어 "초록이 다하는 곳 어디에서든 / 그들은 변할 것이다 완전히 변할 것이다 / 참혹하고도 끔찍한 아름다움이 탄생되었다."(부활절, 1916; Easter, 1916))라며 아픔을 노래했다.

당시에 아일랜드 지도자들에게 가해졌던 탄압과 극형을 보고 경악을 금치 못한 것이다. 에이츠는 독립운동가들의 노력이 실패로 보일 수 있었겠지만 이 항쟁으로 말미암아 아일랜드의 미래가 모두 변화될 것이라고 예견하기도 했다. 에이츠는 "고도의 예술적인 양식으로 전체 나라의 영혼을 표현한, 영감을 받은 시 세계를 간직하고 있다"는 평가와 함께 아일랜드인 최초로 1923년 노벨 문학상을 수상했다.

처절했던 저항의 장소인 중앙우체국에서 채 50m 못 가서, 이 국민과 민족에게 긍정적이고도 밝은 미래를 보여주는 상징물과 만날 수 있다. 이름하여 더블린 첨탑(Spire of Dublin) 또는 빛의 기념탑(Monument of Light)으로 불리는 높이 120m의 고조물이다.

밝고 맑은 햇살에 빛나는 스테인레스 스틸 구조물인 이 탑은 주위의 건물들과 너무나도 큰 대조를 이룬다. 이 때문에 처음에는 더블린 시민의 비난도 많이 받았으나, 이제는 세계의 도시 계획 전문가들로부터 절제의 미를 간결하게 표출하는 구조물로서 평가 받는다.

...... 과거에 무수하게도 많은 고난과 역경을 딛고 올라선 아일랜드와 아일랜드의 국민이, 수도 더블린의 한 가운데에 세운 첨탑처럼 하늘 높은 줄 모르고 뻗어나가기를 바라마지 않는다. 아니나 다를까, 요사이의 세계적인 경제 침체 속에도 2022년 유럽에서 가장 큰 경제 성장을 본 나라가 바로 아일랜드라는 보도를 접하면서 더블린 첨탑의 상징적인 의미가 새삼 와닿는다.

04

아일랜드 글로벌 최저 법인세의 두 얼굴

...... 지난 2016년 아일랜드 정부는 자국 국민들이 도무지 이해하기 힘든 결정을 내린다. 정부가 손 하나 까닥하지 않고 가만히 앉아서 받을 수 있는 130억 유로(약 17조5600억원)를 거부한 것이다.

병원 등 의료 관련 인적 물적 인프라 개선이 시급한 아일랜드 입장에서 130억 유로 규모의 돈은 2023년 회계연도 기준 보건 · 복지 부문 예산의 약 60%를 차지하는 무시 못 할 돈이다. 그런데도 아일랜드 의회는 유럽연합(EU)의 경쟁분야 집행위원회가 애플사에 내린 체납세 추징 결정을 거부했다. 그리고 2016년 11월 애플사와 함께 이 결정을 유럽연합 사법재판소 일반부(European General Court)에 항소한다.

왜 이런 일이 벌어졌는지를 살펴보려면 먼저 아일랜드가 가난의 수렁에서 1990년대 중반부터 눈부신 경제 발전을 보여 '유럽의 병자(the sick man of Europe)'란 오명에서 벗어나 '켈틱 호랑이(Celtic Tiger)'라 불릴 정도의 번영을 이룬 과정을 짚어볼 필요가 있다.

1980년 후반까지만 해도 아일랜드는 빈곤과 높은 실업률, 인플레와 낮은 경제 성장률 등 좋지 못한 경제 활동 지표들을 모두 갖춘 농경제 중심의 개발도상국이었다. 1990년 당시의 1인당 국민 소득은 1만 3600달러 정도였으며 개인 한계 소득세율 최고치는 60%, 법인세는 40%, 그리고 국민총생산(GNP) 의 4% 가량을 유럽연합의 지원에 의존하고 있었다.

그러다가 1996년부터 법인세를 단계적으로 낮추고, 급기야는 1999년에는 재정법(Finance Act)을 시행하여 우리 모두에게 낯익은 12.5%의 법인세율을 제시했다. 그러자 미국 등의 세계의 다국적 기업들이 모여들기 시작하였다.

이에 힘입어 1994~2000년 사이 아일랜드는 연평균 10%에 이르는 고도의 경제성장을 이루는데 성공했다. 특히 2001년 아일랜드의 1인당 GDP(국내총생산)가 5만 달러로 크게 뛰어오르면서 영국의 1인당 GDP를 넘어섰고, 영국에 오랜 기간 가져온 열등감에서 벗어나는 기반이 마련됐다.

세계 최저수준 법인세율 12.5%로 다국적 기업 끌어 모아

1997년 아일랜드는 지금은 BEPS(세원 잠식 및 소득 이전, Base Erosion and Profit Shifting) 전략으로 여겨지는 '조세 및 연결 납세법(Tax and Consolidation Act)'을 시행하여 다국적 기업들이 세금을 회피(tax avoidance)할 수 있는 세부 제도들을 마련하기 시작하였다.

하지만 이는 아일랜드만이 아니었다. 해외의 직접 투자(FDI, Foreign Direct Investment)를 유도하는 제도를 시행하지 않는 나라는 없으며, 이를 극한으로 몰고 가 등록 기업들의 재무제표 등의 보고서를 비밀에 부쳐주는 조세 피난처(tax haven) 국가들도 예전부터 존재해 왔다.

모두들 익히 들어본 버뮤다나 케이만 군도, 영국령 버진아일랜드, 홍콩, 싱가포르, 영국 왕실령 영토인 저지 섬, 룩셈부르크, 그리고 리히텐슈타인 등이 여기에 해당한다.

이런 나라는 수십개에 달하는데 이들 모두 실질적인 세율(effective tax rate)을 낮춤으로써 이전 가격(transfer pricing) 활동을 적극적으로 부추기고, 자국 내로 역외 자금(offshore funds)를 유치하는 것을 목적으로 삼고 있다.

사실 엄밀히 따져 볼 때 앞서 언급했던 국가들처럼 아일랜드를 조세 피난처라 할 수 있을지는 함께 생각해볼 필요가 있다. 우선 경제협력개발기구(OECD) 가 정의하는 조세 피난처 국가 리스트에도, 또 EU가 정의하는 조세 피난처 국가 리스트에 아일랜드가 들어있지 않음을 명백히 밝힐 필요가 있다.

왜냐하면 다른 나라에서는 개인 또는 기업이 탈세를 하도록 도와주는 데 반해 아일랜드에서의 조세 제도는 고용 창출을 그 주된 목표로 하기 때문이다. 대표적인 전자 · 컴퓨터 · 소프웨어 · 인터넷 회사들의 아일랜드 고용 상황을 살펴보면 이를 어느 정도 알 수 있다.

구글의 유럽 · 중동 · 아프리카(EMEA) 본부인 구글 아일랜드는 임직원이 8000명, 메타(페이스북) 아일랜드는 그 임직원이 6000명, 애플 아일랜드도 그 임직원이 6000명, 델 아일랜드는 5000명, 인텔 아일랜드는 4900명, 아도비(Adobe)는 3800명, 페이팔(PayPal)이 3000명, IBM은 3000명, 마이크로소프트 아일랜드는 2000명, 오라클은 1400명, 링크드인(LinkedIn)은 1800명, 그리고 아마존 데이터 서비스(Amazon)는 1700명 정도를 고용하고 있는 중이다.

제약 및 의료장비 강국 ...
세계 15위권 메드태크 중 14개 아일랜드에

한편 세계 25위권의 제약 및 바이오텍 상장 회사 중 하나(셀지인 · Celgene)만 제외하고 나머지 24개사는 모두 아일랜드에 법인을 등록했을 뿐만 아니라 대부분이 생산 시설을 가지고 있다.

이 중 화이자는 4000명, 애보트(Abbott) 아일랜드는 3700명, 존슨 앤 존슨(Johnson & Johnson)은 3000명, MSD 는 2800명, 일라이 릴리(Eli Lilly) 아일랜드는 2000명 등을 고용하며 고부가가치 의약품을 생산하여 미국 등에 역수출을 하고 있다.

아일랜드는 제약 산업 뿐만 아니라 의료 장비의 세계 강국이기도 하며, 세계 15위권의 메드테크(MedTech) 회사 중 14사가 아일랜드에 적을 두고 있다.

한 가지 특징은 총 300여개의 의약 장비 회사 중 많은 회사들이 아일랜드의 자생 기업들이며, 총 4만 여명이 이 섹터에서 종사하고 있다. 이 중 다국적 기업 메드트로닉(Medtronic)는 아예 세계 본부를 아일랜드로 옮겨 무려 3만8000명, 그리고 보스톤 사이언티픽(Boston Scientific)은 5100명 등을 고용하고 있다.

회계법인들도 예외가 아니다. 엑센츄어(Accenture)도 총 본부가 처음에는 미국, 그 다음은 버뮤다에 자리했었는데 2009년에는 아일랜드로 옮겨 5500명, PwC는 6100명, KPMG는 3800명, 그리고 딜로이트(Deloitte)는 3500명을 고용하고 있다.

이런 다국적 기업들의 전체 고용 인원을 모두 합치면 27만 5000명이고 이들의 소득세 및 이들의 고용주의 법인세가 아일랜드의 국가 세수의 약 25%를 차지하고 있다. 따라서 탈세를 주 목적으로 사무실 하나만 차린, 페이퍼 컴퍼니(Paper Companies)들이 즐비한 나라와는 확연히 다른 것이 아일랜드의 현실이다.

이런 상황이 벌어진 이유에 대해 그간 많은 학자와 실물 경제인들이 다각적으로, 그리고 깊이 분석하였으며 그에 대한 대답 또한 다양하고 복합적이다.

확실한 것은 법인세만 낮춘다고 될 일은 아니라는 점이다. 법인세만 고려한다면 세율이 9%에 불과한 헝가리로 모든 다국적 기업들이 달려갔을 것이다.

또 한 가지는 영어권의 지역이기 때문에 아일랜드가 이런 지위를 누린다고 하는 점도 사실과는 거리가 있다는 얘기다. 영어권이어서 절대적으로 유리하다면 과거 영연방 국가인 버뮤다 또는 영국 왕실령 영토인 저지 섬에 모든 다국적 기업들이 글로벌 본부를 등록했을 것이다.

그렇다면 숨은 비결은 무엇일까. 어떻게 보면 당연하다고 할 수 있는 이야기지만 위와 같은 요건들을 충족시키면서도 다른 요소들을 갖추고 있어야 한다. 즉 공정하고 투명한 회계 처리와 불필요한 간섭 없이, 또 공무원들의 특별 처우를 신경 쓸 필요가 없는, 부정부패가 없는 정부의 보호가 이뤄져야 하는 것이다.

참고로 지난 1월에 새로 발표된 2022년 기준 세계 부패지수에 따르면 아일랜드가 10위를 차지하였으며, 이는 호주(13등), 캐나다(14등), 일본과 영국(공동 18등), 미국(24등) 보다 높으며, 참고로 우리 나라는 31등으로 기록되었다.

그러나 이것만 가지고도 불가능하다. 고용 창출을 위한 우수한 인력의 공급, 그 우수한 인력을 양성하는 제대로 된 교육 기관, 그 우수한 인력과 가족 구성원들이 거주하면서 걱정 없이 살 수 있는 환경과 사회 보장 제도.

이 모든 것들도 함께 갖춰져야 되는 것이며, 이와 관련해 선진국들이 모두 아일랜드의 월등함을 인정하고 있다.

7000만 디아스포라도 큰 힘 ... 한국에게 큰 자극제

여기에 결정적인 요인이 하나 더 있다. 미국을 비롯하여 세계만방에서 정치 경제 사회 문화 교육 과학 예술 스포츠의 모든 분야에서 역동적으로 빛나는 아일랜드의 재외 국민의 활동이다.

7000만 디아스포라의 이 아이리쉬 사람들, 그들의 친분, 그리고 그들의 선한 영향을 받는 타 민족들이 자연스럽게 아일랜드에 시선을 돌리고 있다. 또 본사가 세계 어디에 있던 온라인으로 기업 활동을 하고 세제 혜택을 받아 공장도 차리고 고용인들도 만족시키고 있다.

지적 산업의 경우는 상품 개발과 기술 혁신(innovation)도 더불어 꾀할 수 있는데다가, 그 와중에 돈도 벌 수 있다는 상황을 파악하게 된 것이다. 특히 이 재외국민 관련 요건은, 750만의 디아스포라가 세계무대에서 아이리쉬인 못지않게 탁월하게 활동하는 우리 민족에게는 참으로 큰 자극과 격려가 되지 않을 수 없다.

아일랜드가 갖춘 위와 같은 좋은 조건들을 무시할 글로벌 기업이 도대체 어디에 있겠는가. 이 여러 조건들을 조기에 포착하고 최대로 활용한 애플의 예를 들어보자.

선견지명이라고 하여야 될까. 아니면 여러 방면에서 아이리쉬 국민이 다른 민족과는 달리 고도의 기술과 세련된 예술의 혁신적인 조화를 인정하는 것을 일찍이 알았기 때문이라고 할까.

애플은 세상 사람들의 법인세 호들갑이 존재하기도 전인 1980년에 아일랜드의 코크 시에 해외 공장을 건설하고 1000여명의 임직원과 함께 그들의 제품을 생산하기 시작한다.

사실 필자가 박사 학위 논문을 쓸 당시 사용했던 Apple LC II 기종의 밑바닥 라벨에 인쇄되어 있었던 'Made in Ireland'를 보고 무척 흥미롭게 생각했었는데, 바로 그 나라에 살면서 이 글을 쓰게 될 것이라고는 꿈에도 생각하지 못하였다.

아직도 애플이 직영하는 공장은 이 곳 밖에 없으며 중국 소재의 폭스콘(Foxconn) 등 애플의 다른 생산 현장들은 모두 애플과 계약하여 수행하는 OEM이다. 현재의 애플 아일랜드는 약 6000명의 임직원이 아주 가족적인 분위기로 아이맥 제품 등의 내부 부품을 소비자의 사양대로 조립하고 있다.

그런데 바로 이 공장 주소지에 다른 하나의 홀딩 법인, 즉 애플 국제 오퍼레이션즈(AOI, Apple Operations International)가 등록되어 있다. 상주 직원이 한 명 도 없고 이사 중 한 명을 제외하고는 나머지는 모두 미국에 거주하고 있었던 것을 알고 있는 사람은 거의 없을 것이다.

애플은 아일랜드의 두 회사 간의 거래를 활용하였는데 이를 '더블 아이리시쉬(Double Irish)'라 부른다. 향후 다른 다국적 기업들이 사용한 방법을 애플의 예로 비춰보면 다음과 같이 설명된다.

애플은 미국을 제외한 나머지 전 세계의 대리점에서 일어나는 매출을 애플 국제 판매(ASI, Apple Sales International)에 잡은 후, 그 매출액에 상당한 관리 운영비를 네덜란드과 같은 EU 국가에 등록된 회사에 지불한다. 이 때 이 거래는 EU 내부 거래라 면세가 된다.

네덜란드에 있는 회사는 자신이 번 관리 운영비의 대부분을 다시 아일랜드로, 그러나 회사가 다른 AOI로 보내는데, 이는 애플 제품의 라이센싱과 브랜딩 등의 지적 재산권 실시료를 지불하기 위함이다.

AOI 를 조금 더 상세히 조사하면 조세 목적상 등록지는 아일랜드가 아닌 버뮤다임을 알게 되고, 아일랜드의 조세법에 의하면 회사의 운영 및 관리가 타국에서 수행되면 아일랜드에서의 그 이익이 면세이다.

결과적으로 AOI 는 네덜란드에서 번 돈 전부를 수중에 넣는다.

2004년부터 2014년까지 일어났던 이 "두 겹의 아일랜드 틈에 네덜란드를 낀 샌드위치(double Irish with a Dutch sandwich)"라는 BEPS 전략은, 애플로 하여금 약 1100억 유로의 ASI의 막대한 이익을 보고하지 않을 수 있었으며, 여기에 12.5%의 가상적인 법인세를 적용하면 애플은 138억 유로의 조세를 회피한 것으로 계산이 된다.

이를 눈치 챈 덴마크 출신의 마르그레테 베스타게르(Margrethe Vestager, 현 EU 공동 부집행위원장) 위원이 지휘하는 EU의 경쟁 부문 집행위원회는 3년에 걸친 조사를 벌였다.

그리고 2016년에 애플에게 아일랜드 국고에 체납 세금을 납입하라는 명령을 내리게 되며 이는 그간의 이자까지 포함한다면 실상은 200억 유로 정도에 이르는 어마어마한 거대 액수였다.

그러고 보면 문제의 핵심은 다국적 기업들이 해당 국가에서 25~40%의 법인세를 아깝게 여겨 아일랜드로 법인 등록을 옮기고 12.5%로 절감하여 세납하는 것만은 아니다.

애플은 아일랜드 세법에 합법적으로 2004년부터 2014년까지 법인세를 거의 내지 않았던 것이며, 12.5%는 커녕 총체적으로 정산하면 영업 이익의 0.005% 를 아일랜드에 납세한 결과가 되었다.

즉 합법적이었으나 과연 형평성이 있었는가에 우리는 주목하여야만 되고, 더 나아가 아일랜드 국민에게 아니 실제 매출이 발생한 EU

내의 여러 국가의 납세자들에게 혜택이 주어졌는가를 날카롭게 물어야 할 것이다.

지난해 아일랜드 경제 12%로 성장 ... EU국가 중 1위

아니나 다를까, BEPS 전략이 성행하여 급작스레 아일랜드의 2015년 GDP가 예년 대비 26%가 껑충 뛰자 노벨 경제학상 수상자인 폴 크루그만(Paul Krugman)은 그의 뉴욕타임스 칼럼에서 국민에게 직접 혜택이 가지도 않을 허구적인 GDP 성장에 그만 넋이 나간 아일랜드 정부의 경제 정책을 신랄하게 비판하였다.

EU의 규제 심화로 불가능해진 '이중 아일랜드 네덜란드 샌드위치'는 그 후의 또 다른 갖가지 별명의 BEPS 도구로 변신을 하다가 지금에 와서는 지적 재산권의 터전을 이 곳으로 지정하면 많은 세제 혜택이 있는 제도들로 정비되었다.

달리 표현하여 아일랜드에 먼저 출원하여 등록된 특허를 소유하고 있으면 중국에서 생산되어 유럽 대륙에서 판매된 아이폰의 매출이 아일랜드의 GDP에 잡힌다는 것이다. 이 때문에 아일랜드의 GDP가 62% 평가 절상된 것으로 분석이 되고 있으며 대부분의 EU 국가들이 우크라이나 전쟁 등으로 인하여 전혀 경제 성장을 하지 못한 반면에 아일랜드의 경우 12%의 경제 성장을 보인 것으로 통계가 잡힌다. 지난해 아일랜드의 경제 성장률은 EU에서 1위였다.

안 그래도 지적재산 실시권과 함께 해당 국가에서 물리적인 영업장 없이 네트워크를 통해 일어나는 상행위가 전혀 마찰이나 문제없이 수행되고 있음을 우리들은 매일 목격하고 있다. 이렇도록 고도의 지식경제를 토대로 발전된 선진국에서 창업된 후, 국경을 초월하여 소비자와 직거래가 가능한 애플 · 마이크로소프트 · 아마존 · 구글 · 페이스북 · 넷플릭스 등의 법인들의 이익에 부과되는 법인세를 과연 어디서 누가 얼마를 가져가야 하는 것인가.

소비자의 거주국인가, 아니면 인터넷 사업자의 등록국인가, 아니면 콘텐츠를 직접 창작 · 개발한 국가에서 가져가야 하는가. 이를 가급적 골고루 나누고자 하는 차원에서 자국 내의 영업자에게도 세금을 부과할 필요가 있는 것이며, 이를 통상 디지털세(Digital tax) 또는 구글세(Google tax) 라고 일컫는다.

결국 경제협력개발기구(OECD) 주최로 2021년 10월 137개국이 합의하는 글로벌 최저법인세제가 서명되었으며 합의된 15% 세율을 아일랜드도 올해부터 시행할 계획이었다. 다행히 아일랜드는 당시 국내의 중소기업들에게는 12.5% 법인세를 그대로 적용이 가능하도록 합의를 도출해 내어, 젊은 기업인들의 창업 의지를 멋지게 유지시켜주었다.

137개국이 15% 법인세 합의 …
올해 시행 차질 빚어 내년 가능할 듯

아울러 15%로 인상되다 보니 세수의 증가와 함께 전 세계에 동일한 세율이니 잠재적으로 일자리가 감소될 수도 있음을 준비하고 있는 아일랜드이다. 2023년이 시행 예정이었던 이 15% 하한 세제는 미국에서는 그 이행이 불투명해 짐에 따라 어쩌면 2024년이 되어야 시행될 수 있을 것으로 전망된다.

2016년 EU의 경쟁 분야 집행 위원회의 체납 세금 납부 명령 덕분에 손 하나 까딱하지 않고 가만히 앉아서 받을 수 있었던 130억 유로를 거부한 아일랜드. 4년 후인 2020년 7월 15일 아일랜드 정부와 애플은 그들의 항소가 받아들여져 명령이 취소되었다. 법원의 판결 요점은 아일랜드 정부가 애플만 선별적으로 혜택을 주지 않았다는 것이었고, 이는 형평성의 원칙을 중시하였음을 보여주었다.

그리고 아일랜드 정부로서는 EU 참여 국가로서 각 국가에게 엄격하게 보장된 자국의 세법의 독립성을 보장받은 판결로 큰 의미가 있었다. 이 사건의 현재 상황은 EU 집행위원회가 이에 대한 항소를 상위 최고 법원에 올린 상태이고, 애플은 향후에 납부하여야 할지도 모르는 130억 유로를 에스크로 계좌(escrow account)에 넣어둔 것으로 알려지고 있다.

...... 많은 고용도 창출했지만 다국적 기업에게 많이 유리했던, 말도 많고 탈도 많은 아일랜드의 법인세. 앞으로는 이 나라의 일반 국민에게도 그 혜택이 많이 돌아오기를 바랄 뿐이다.

05

아일랜드의 세계 최고 자생 기업들… 기네스 맥주에서 의료기기까지

…… 언뜻 아일랜드를 살펴보면 마치 다국적기업의 천국과 같은 느낌이 든다. 글로벌 최저 법인세율로 애플과 구글, IBM · 메타(페이스북) · 인텔 등 굴지의 세계 기업 유럽본사를 유치한 때문이다.

하지만 아일랜드 또한 국제시장에서 그 존재를 인정받는 기업들을 적잖이 보유하고 있다. 아일랜드 국민의 혁신적인 마인드는 지금도 세계 여기 저기에서 그 맹위를 떨치고 있으며, 여기에 해당되는 몇몇 기업에 대한 이모저모는 세계 경제인들 사이에서 널리 회자된다.

기네스 맥주는 대표적이다. 아일랜드 하면 기네스를 떠올린다는 분들이 적지 않고, 지금도 한국을 비롯한 여러 나라의 관광객들이 아일랜드를 방문하면 빼놓지 않고 방문하는 곳이 기네스 맥주를 생산하는 시설이다.

1759년 아더 기네스(Arthur Guinness)는 더블린에서 45 파운드의 연세(年稅)로 땅을 무려 9000년 임대하는 계약서를 맺고, 맥주 공장을 차리게 된다. 그리고 곧 시장 조사를 통하여 노동자들이 선호하는 흑맥주를 양조하기로 결정한다. 아일랜드에서는 스타우트(stout)로, 영국에서는 포터(porter)로 불리는 검은 빛의 맥주다.

그리고 불과 100여년 만에 일체의 광고나 할인도 필요없이 140만 배럴을 생산해내는 맥주 생산 라인을 가동하게 된다. 총자산 보다 그 주가 총액이 20배를 호가하는 세계 제 1위의 주식회사인 기네스다.

흑맥주의 특징이라 하면 일반적인 원료 중의 하나인 보리를 얼마나 잘 볶아내는가 하는 것일 수 있는데 기네스는 여기에 특별한 노하우와 최고의 맛을 내는 레시피가 있다고 볼 수 있다. 이들은 끝없는 실험 정신으로 보리를 볶는 온도를 정확히 섭씨 232도로 최적화 하였다.

또 많이들 알다시피 기네스의 또 다른 특징 중의 하나는 균일하고 미세한 거품인 헤드(head)라 할 수 있는데, 여타의 맥주와는 달리 기네스는 탄산 가스 뿐만 아니라 질소도 혼합하여 충전하고, 각 파인트(pint) 잔당 약 300만 개의 기포를 가져야만 합격품이 될 수 있을 정도로 엄격한 공정을 시행한다. 그 결과 기네스는 맥주 음료 시장에서는 명품 중의 명품을 만들어낸 것이다.

세계인을 매료시키는 시원함과 걸쭉함의 조화 – 기네스 맥주

이 명품을 만드는 과정은 흔히 겪는 시행착오나 오랜 경험만으로 설명될 수 없다. 여기에는 과학도 큰 부분을 차지한다. 흔히 통계 처리를 할 때 사용되는 t-검증(t-test), t-분포(t-distribution) 같은 개념은 모두 기네스의 직원으로 일했던 수학자 윌리엄 씰리 고셋(William Sealy Gossett)이 발효 공정의 최적화를 위하여 최초로 사용한 기법들이다.

타 회사에 그 비밀을 알리지 않게 위하여 고셋은 자신의 이름을 숨기고 이를 대신 '학생-t-검증'이라고 번역할 수 있을 '스튜던트-t-테스트(student's t-test)'란 존재로 그 원리를 발표하였다.

맥주 생산과 관련이 없어 보이지만 정말 학술적으로나 인류 역사에 중요하다고 생각되는 기네스의 산물은 여기에서 그치지 않는다. 모두들 흥미롭게 듣고 읽으며, 어렸을 때는 토막 상식으로 여겼던 세계의 진기한 기록들의 집대성이라 할 기네스 북(Guinness Book of World Records)도 그중 하나다.

이 책은 1951년 당시 기네스사의 전무였던 휴 비버 경(Sir High Beaver)에 의해 맥주 마케팅의 전략 사은품으로 시작되었다가, 1955년 책으로 출간된 즉시 베스트 셀러가 됐다. 지금은 기네스사와는 별도의 회사로 100여개국 37개 언어로 출간되며 매년 350만부 이상이 팔리고 있다.

다국적 알코올 음료 기업군인 디아지오(Diageo)로 인수 · 합병된 지 약 25년이 된 기네스 사는 경영면에서는 아직도 독립성을 유지하고 있다. 2022년의 세계 매출액은 190억 달러로 세계 맥주 랭킹 10위권 안을 항상 유지하고 있다.

모든 맥주 브랜드를 통틀어 세계에서 가장 큰 맥주 공장은 아프리카 나이지리아에 소재한 기네스 공장이다. 또 한 주요 대도시 안에 소재한 세계에서 가장 큰 맥주 공장 역시 더블린의 기네스 공장이다.

특히 더블린의 기네스 공장 부설 박물관인 기네스 스토어하우스(Guinness Storehouse)는 매년 평균 150만명 이상의 방문객이 찾아오는 관광의 명소이다. 박물관에 입장한 후 가장 마지막에 다다르는 곳은 공장 최고층의 360도 유리로 둘러싸인 중력 바(Gravity Bar) 전망대다. 여기에서 기네스 맥주 파인트 한잔을 들며 하늘 위에서 내려다 보는 더블린 시내의 풍광은 오래오래 기억에 남지 않을 수 없을 것이다.

그런데 기네스 사의 외형적인 모습만 가지고 이 회사를 평가해서는 안될 이유가 있다. 사회 전반에 미치는 선한 영향이 지대했기 때문이다.

창업주인 아더 기네스는 진보적인 인권 운동가로 아일랜드 내의 구호 단체를 지원하였으며 더블린 시의 가난한 자들을 위하여 주택 건설에 앞장 서기도 하였다. 20세기에 들어와서 기네스 사는 5000여명의 임직원을 위한 후생 · 복지 프로그램을 선도적으로 펼쳐 전체 임직원 인건비의 20%에 달하는 후생 · 관리 비용을 아낌없이 투입했다.

제1차와 2차 세계 대전 당시 군에 자원 입대한 직원들의 가족에게 급여의 일부를 계속 지급하였으며 돌아올 때 까지 자리를 보장하여 주었다. 뿐만 아니라 더블린 시 곳곳에는 기네스 가문의 자선 흔적이 보이지 않는 곳이 없을 정도로 사회적 책무를 다했다. 도시 가장 한복판의 성 스테반 공원(St Stephen's Green)도 1880년에 아더 기네스의 증손이 더블린 시에 기증하여 지금은 시민 모두가 즐기는 도심내의 오아시스와 같은 공간이 되었고 이 곳의 연못과 녹지는 그 상징이 됐다.

아일랜드하면 친환경과 무공해가 떠오른다. 그리고 자연스레 눈은 넓디 넓은 목초지 농장에서 가축을 평화스럽게 방목하는 낙농산업의 현장으로 향하게 된다. 그 배경에는 '녹색 환경'을 하나의 굳은 자부심으로 간직하고 지난해 기준으로 740여만 마리의 소를 정성으로 돌봐주는 낙농인들이 자리하고 있다.

그리고 이들에게 균등한 이익이 돌아가도록 하기 위해 구성된 협동조합들이 더 큰 연합체를 형성하게 되면서 급기야 세계적인 글로벌 기업이 되기도 했다. 대표적인 두 회사가 바로 케리 그룹(Kerry Group: 임직원 2만 5200 명, 2022년 매출액 74억 유로)과 글런비아(Glanbia: 임직원 4700명, 2022년 매출액 42억 유로)이다.

선진국에 널려있는 대형 애그리 비즈니스(Agri-Business)의 형태와는 달리 이들 회사의 최대 주주는 앞서 설명한 낙농 조합들이다. 다시 말해 농부들이 직접 소유하는 글로벌 기업들인 셈이다.

두 회사 모두 유가공 제품을 생산하고 있는데, 이 중 세계적으로 그 품질을 인정받는 식품이 버터이다. 아일랜드에는 이미 19세기에 세계 최대 규모의 버터 도매시장이 코크 시에 있었고, 1914년에는 350여개의 낙농 조합(creameries)들이 서로 협력하고 때로는 경쟁하고 있었다. 이들 조합 20~30여개가 연합하여 회사를 창업하고, 이 회사들이 더더욱 성장하여 아일랜드 뿐만 아니라 미국 · 유럽 등의 식품 및 감미료 회사들을 인수 · 합병하면서 다국적 기업으로 커진 것이다.

한편 케리 그룹과 글런비아 회사와는 별도로 오직 해외 수출을 목적으로 설립된 아일랜드 낙농위원회(Irish Dairy Board, 지금은 Ornua)도 있다. 이 위원회는 아일랜드의 여러 낙농업 조합들을 대표하면서 꾸준한 해외 마케팅을 통하여 1973년 독일 시장에로의 판로 개척을 시작으로 이제는 독일 제1의 브랜드의 버터, 그리고 미국 제2의 브랜드 버터를 만들어냈다.

어느 다른 국가의 제품보다도 강렬한 햇빛의 노란 색깔을 자랑하며 아일랜드의 또 하나 명품으로 인정받는 케리골드(Kerrygold) 브랜드 버터는, 유럽과 미국 뿐만 아니라 중동 · 아시아에도 수출되어 25억 유로의 매출액을 기록하는 아일랜드의 효자 상품이다.

아일랜드 유래의 유가공 제품으로 또한 빼 놓을 수 없는 것이 분유 제품(IMF, infant milk formula)이다. 68억 유로 규모인 아일랜드 전체 유가공 식품 수출 총액의 35%를 차지하고, 전 세계 분유 시장의 10%를 차지하는 대표적인 품목이다.

한편 유가공과 함께 육가공 산업도 아일랜드의 산업에서 차지하는 비중이 큰데 지난해 수출 총액은 25억 유로에 달했다. 현재 한국에서 아일랜드산 쇠고기 수입을 허용하기 위한 행정절차가 진행 중이며 이것이 향후 가능해진다면 우리에게 익숙한 곡물 사료 대신에 무공해 목초를 먹인 육가공 제품을 먹을 수 있는 기회를 얻게 될 것으로 보인다.

아일랜드 농축산업과 관련해 모든 것이 순리대로 잘 가고 있다는 생각이 들면 좋겠는데 사실 중대한 문제가 있다. UN의 파리 협정(Paris Agreement)과 EU의 녹색 전략(European Green Deal)에서 합의된 기후

변화 대응의 일환으로 아일랜드 역시 이산화탄소 배출을 줄여야만 하는 데, 이를 위해서는 2030년까지 22%의 온실 효과 기체(이산화탄소 · 메탄 등) 발산을 절감하여야 한다. 이는 약 130만 마리의 가축을 축소해야 한다는 걸 의미한다는 보고가 있다.

즉 무공해 · 친환경을 표방하여 굴뚝 산업이나 공장 시설이 아닌 청정 산업과 친환경 농업 정책을 이끌어 감에도 불구하고 가축의 마릿수를 줄여야만 하는 상황에 봉착한 것이다. 현재로서는 많은 사람들이 반대 입장을 표명하고 있으나, 아일랜드 농부들이 수 천년 동안 보여준 혁신과 지혜에 힘입어 분명 좋은 해법이 나오리라 믿는다.

아일랜드 하이테크 산업의 꽃, 의료 기기로 가기 전에 아일랜드 최대의 자생 기업을 소개할 필요는 있을 것 같다. 지난해 매출 순위를 보면 1등부터 4등까지는 모두 다국적 기업들이 차지하고 있다. 애플이 단연 1위로 매출액은 1800억 유로에 이른다. 2등은 구글 아일랜드(484억 유로), 3등은 마이크로소프트(472억 유로), 4등은 메타 아일랜드(페이스북, 406억 유로)가 차지했다.

이어서 매출액 5등은 아일랜드 자생 기업인 CRH(Cement Roadstone Holdings)가 올랐는데, 임직원 7만 7450명에 매출액이 274억 유로다. 1936과 1949에 각각 창업된 건축 자재 관련 기업이 47년전인 1970년에 합병하고, 건설 붐을 타면서 고수익을 창출하고 투자 금융사들의 지원을 받으며 유럽 · 미국 · 중국 · 인도 등의 회사들을 인수 · 합병하여 계열사가 약 20여개가 될 정도로 그 몸집을 불려왔다. CRH는 그 후 이스라엘 · 러시아 등에도 진출하고, 영국 증시의 종합 주가지수 (FTSE 100) 에 포함될 정도로 영국 · 아일랜드의 경제에서 중요한 위치를 차지하고 있다.

세계 의료기기 시장의 규모가 6409억 달러로 예상되는 올해 아일랜드 현지의 상황도 살펴볼 필요가 있다. 아일랜드의 의료기기 및 의료장비 산업 섹터는 4만여명을 직접 고용하고 있으며 이는 아일랜드 전체 고용인원의 1.5%에 해당한다. 약 450여개의 크고 작은 회사들이 클러스터를 형성하고 있다.

이러한 회사들 중에 43개는 미국 등의 다국적 기업들이 아일랜드에 정착한 것이며, 407개의 기업들은 자생 기업이라 할 수 있다. 50여년 전 부터 미국 다국적 기업들의 직접 투자를 받아가며 시작된 이 클러스터는 국민 1인당 의료 기기 특허 등록이 세계에서 5위가 될 정도로 기술적으로 눈부신 성장을 보였줬다. 이는 동일하게 성공적인 클러스터를 운영하는 스위스와 이스라엘의 뒤를 바짝 추격하고 있는 형세다.

전세계 당뇨병 환자 가운데 25%는 아일랜드가 수출한 관련 의료기기를 사용하고 있으며, 세계 콘택트렌즈의 3분의 1이 아일랜드에서 생산돼 매년 10억 유로의 매출이 발생한다. 또 신종 코로나 바이러스

(코로나19)의 세계적 확산 상황에서 매우 긴급하게 필요했던 인공호흡기(ventilator) 세계 생산량의 50%가 아일랜드에서 이뤄지고 있다. 심혈관 스텐트의 세계 제1의 수출국 역시 아일랜드이다.

아일랜드 정부 차원의 중소 기업 지원은 아일랜드 산업개발청(IDA Ireland, Industrial Development Authority)과 아일랜드 기업진흥청(Enterprise Ireland)에서 이뤄지고 있다. 헤아릴 수 없을 정도로 지원 프로그램이 많다 보니 정부 지원이냐 벤쳐 투자 지원이냐 하는 정확한 구분이 모호해지고 있을 정도다. 참으로 기업하기 좋은 환경의 나라구나 하는 생각이 들 때가 한 두번이 아니다.

중소기업에 대한 시드 펀딩(seed funding) 투자 횟수로만 따질 경우 아일랜드 기업진흥청이 유럽에서 단연 최다라고 할 수 있다. 그리고 이러한 적극적인 지원 덕분에 아일랜드의 자생 의료기기 기업들이 글로벌 기업으로부터 러브콜을 받으며 인수 · 합병될 정도이다.

2015년에는 크레이 의료 기기(Creagh Medical)의 풍선확장식 카테터 기술을 활용하고자 미국의 서모딕스(SurModics)사가 인수를 하였다. 또 2016년에는 비슷한 품목의 관동맥 풍선 기술을 보유하며 의료기기 아웃소싱을 수행하던 크레가나 의료기기(Creganna Medical)는 미국의 티이커넥터비티(TE Connectivity)사의 8억9500만 달러 규모의 현금 인수 제안을 받아들여 합병이 이루어졌다.

한편 신경계 혈관 · 혈전의 조기 치료에 혁신적인 제품 개발을 하고 있는 뉴라비(Neuravi)는 2017년에 존슨앤존슨(Johnson & Johnson)으로부터 인수되었으며, 영국 · 아일랜드 합작 회사였던 베리안의료기기(Veryan Medical)는 일본 오츠카 의료기기와 2018년에 인수 · 합병 계약을 성공적으로 마치고 2020년에 혈관 개입을 위한 혁신적인 개발을 마치게 되었다. 이러한 성과 모두가 중소 기업이 강소 기업으로 성장할 수 있도록 아낌없이 인적 물적 심적 지원을 공급하는 아일랜드의 정부의 기업 · 대학에 대한 연구개발 혁신 인프라 때문이라 할 수 있다.

...... 세계 최저 법인세로 미국 글로벌 기업들의 세금 회피나 도모하는 국가 정도로 생각했었는데, 알고보니 자체 기술력을 갖추고 세계 시장이나 소비자로부터 매력적인 존재감을 뽐내는 꽤나 실력이 있는 아일랜드임을 알 수 있다.

06

아일랜드 교육의 백미...
중고생에 숨통 트여준 전환 학년제

...... 누구든 10대 청소년기에 들어서서 자신의 정체성에 대해 고민한 때가 있었을 것이다. 때로는 조금 더 심오한 질문들, 예를 들어 '나는 누구인가', '나는 어디에서 왔으며 어디로 가는가' 등을 물은 경우도 있었을 것이다. 진행 중인 교과목 수업과 세간의 판단 기준에 구애 받음 없이 나의 소질과 적성이 무엇인지를 한 번 찾아보고 계발해 보고 싶은 마음도 있었을 것이다.

아일랜드는 고등학교 1학년 때, 모든 학생들에게 '전환 학년(TY, Transition Year)' 제도를 통하여 "가만히 서서, 자신과 세상을 응시(stand and stare)"함으로써 그 해답을 찾을 수 있는 시공간을 다름아닌 바로 학교에서 마련해주고 있다.

하루 아침에 이루어진 제도는 아니었다. 1974년 고등학교를 졸업하지 못하고 중도 포기한 많은 학생들을 무척이나 안타깝게 여기던 리처드 버크(Richard Burke) 교육부 장관이 큰 역할을 했다.

당시는 학교를 책임지고 운영하는 종교 단체 또는 학원 재단은 그들 나름대로, 교사들은 교사대로, 정부는 정부대로, 이해 관계자(stake-holders)들이 각자의 필요와 권익만을 주장하는 상황이었다. 여러 집단 간의 절충을 추구하는 정치인이었다면 그 결과는 사뭇 달랐을 것이다.

하지만 버크 장관은 모든 이들의 예측을 불허하고 '파괴적인(subver-sive)' 제안, 곧 학생들로 하여금 각자의 계발을 가능케하고 지역 공동체에 봉사하며 자신과 자신이 속한 사회와의 네트워킹을 도모할 것을 주창한다. 아울러 교사들에게 지적이고 제도적인 해방을 제공함으로써 그들이 항상 염원했던 이상적인 교육의 실현이 가능하도록 씨앗을 뿌렸다는 평가를 받는다.

모든 일들이 가슴이 답답할 정도로 천천히 신중하게 이루어지는 아일랜드이다 보니 이 전환 학년 제도는 버크 장관의 제안 10년 후인 1984년에야 시범 운영을 하게 되고, 1994년에 가서야 전국적으로 확산하여 현재 전체 중고등학교의 93%에서 시행되고 있다. 이렇듯 시행하기까지의 시일은 오래 걸렸지만 지금 아일랜드의 전환 학년제도는 세계 각국으로부터 많은 관심과 깊은 존경을 받아 해외에 이와 유사한 프로그램들로 번져 가게 되었다. 잘 아시는 바와 같이 한국에서도 2016년 모든 중학교에서 실시되는 자유 학기제와 자유 학년제의 모델이 되었다.

TY 제도에 대한 잘못된 여러 인식

세계 최초로 이러한 사회와 교육 전반에 걸친 대 실험을 하게 되니 초창기에 진통이 없을 수 없었다. 졸업 후 사회에서 요구하는 지식의 습득 및 기능과 기술의 연마를 등한시한다는 비판을 받는 한편, 반대로 중요 대학 입시 과목의 집중적인 학습을 등한시한다는 지적도 받았다. 어린 고1 학생 나이 때의 실전 직업 체험은 형식적이며 고용주들에게 부담만 준다는 비판을 받았고 반대로 이 기간 중의 철학, 논리학과 예술 과목 등의 수업은 세상과 너무 동떨어진 것을 추구한다는 볼멘소리도 나왔다. 학생들을 너무 놀도록 내버려둔다는 우려가 있었고, 학생들을 해방시키는 전환 학년인데 왜 중요 과목(수학 · 영어 · 외국어 · 과학 등)들은 여전히 수업 하고 있느냐는 지적도 쏟아졌다.

전환 학년의 큰 특징 중의 하나는 이 기간 중의 모든 수업 및 체험학습들에 대해 시험은 전혀 없이 평가만을 한다는 것이다("not examined but assessed"). 이에 대해서도 비판이 있었으니 중고등 교육의 연속성을 위하여 기왕에 가르치는 중요 과목(우리식으로 하면 '국영수' 등의 핵심 과목들) 이라면 왜 정기 시험을 치지 않냐는 것이었다.

어찌 보면 어느 누구도 만족시켜주지 못하는 제도라 간주되었을 법한데, 불평을 하는 사람들이 공통적으로 잊은 것이 있었다면 자신들이 제도의 세부적인 컨셉에 대하여 논쟁하는 동안, 이 제도를 통하여 전학제적(interdisciplinary)으로 자신이 속한 공동체와 부대끼며 새로운 지식이나 기술, 그리고 가능성을 배우며 지적으로 그리고 심적으로 성숙되고 있었던 학생들이 계속 배출되고 있었다는 것이다.

현행 전환 학년에 진행되는 영역들은 일반적으로 다음과 같으며, 각 학교마다의 강점을 살려 진행되고 있다. (i) 환경학, (ii) 국제 개발, (iii) 토론 학습, (iv) 관광학, (v) 사업장 안전 관리, (vi) 연극 영화 및 대중 문화, (vii) 식음료 개발, (viii) 법사 문제, (ix) 스포츠 코칭 및 경영, (x) 생명 과학과 생물 공학, (xi) 대중 미디어 및 통신, (xii) 중국학, (xiii) 일본학.

이 영역들 못지 않게 우리의 한류 정서, 즉 K-팝과 한국 영화 등의 덕분에 현재 폭발적인 관심을 받고 있는 우리나라 문화에 대해서도 전환 학년 프로그램이 절실히 요구되고 있다. 그리고 마침 아일랜드에 거주하는 헌신적인 재외국민 분들과 주아일랜드 한국 대사관의 노력으로 한국학 과정이 몇몇 학교에서 시범 운영되고 있으며, 이의 정식 채택이 모든 중고등학교에 곧 이루어진다는 기쁜 소식을 머지 않아 알려드릴 수 있을 것 같다.

TY 제도의 직업 체험(Work Experience)

학생들이 자신의 진로를 탐색하고 광범위한 체험을 갖기 위해서는 무엇보다도 일선에 있는 기업이나 가게, 식당, 박물관, 병원, 대학 연구실, 변호사 사무소, 반려 동물 보호 시설 등에서 직접적으로 관련 일에 종사해 보는 것이 필요하다.

아일랜드에서는 이를 직업 체험(Work Experience)이라 하며, 약 2-4주에 걸쳐 두 종류의 다른 체험을 하는 것이 보통이다. 그리고 이를 위해서는 수 천명의 전환 학년 학생과 수 천명의 고용주 간의 온전한 매치메이킹이 이루어지는데, 'WorkXpereince' 라는 인터넷 허브 또는 'TY.ie' 등의 홈페이지를 통하여 이루어질 수도 있고, 또는 학생들이 직접 능동적으로 나서서 찾는 방법이 있다.

TY의 목표 중의 하나가 학생의 대인 교류 능력과 사회성을 제고시키는 것이라 하면, 자신이 작성한 이력서를 들고 기업들과 e-mail 교환 또는 직접적인 만남을 통하여 직장을 구하려고 뛰는 것 자체가 참으로 귀한 체험이라 할 수 있을 것이다. 이 때 학교들은 학생들의 이력서(CV)의 작성 그리고 대면 면접을 위한 연습 등을 도와주는 역할을 하면서, 학생 지원을 아끼지 않고 최선을 다하고 있다.

직업 체험을 하였으니, 이를 통하여 받은 영감과 열기를 계속 달궈

줘야 함이 마땅할 것이다. 이의 연장선상에서 학내에서 마음 맞는 친구들과 함께 직접 창업하는 '젊은 기업가(Student Enterprise)' 프로그램과 '젊은 사회 혁신가(Young Social Innovation)' 프로그램 등이 있으며, 이를 통해 회사 조직을 운영할 수 있는 기회를 제공하고 있다. 그리고 이를 통하여 TY의 또 하나의 목표인 자신감의 제고, 그리고 팀웍의 향상을 불어 넣어줄 수 있게 되며 같은 맥락으로 교내에서 TY 학년 주최의 교내 백화점이나 뮤지컬 공연 등이 매년 이루어지고 있다.

이외에도 전국의 TY 학생들에게 주어지는 자기 계발 프로그램으로 아일랜드 대통령이 직접 수여하는 개쉬커(Gaisce: The President's Award, 위대한 성취) 상이 있다. 이 상은 그 어떠한 일이더라도(공동체 봉사 활동이든, 예체능에서의 특기든) 자신에게 도전을 걸고 매진하여 성취하면 주어지는 동상, 은상, 금상들이 있으며 젊은이들에게 크나큰 격려를 주며 따뜻한 마음의 아일랜드임을 증명하는 뜻깊은 상이다.

아일랜드의 젊은 과학자 및 기술 박람회

TY 학년 학생들의 지적인 성숙은 비단 교내의 활동을 통해서만 이루어지는 것이 아니다. 아일랜드에서는 전국적인 규모의 대회에서 TY 학년은 물론이고 초중고등 학생들도 자유롭게 참여하는 기회가 참으로 많이 주어진다. 과학 기술 혁신을 중요시하는 나라이다 보니 매년초 '젊은 과학자 및 기술 박람회(Young Scientist & Technology Exhibition)'가 개최되는데, 약 400여개 학교의 학생들이 기획한 2000여개의 연구 과제 중 1차 심사에서 통과한 550여개가 본선에 출품된다.

이어 온나라가 1월 중의 1주일의 기간을 할애하여 우리나라의 코엑스의 카운터파트라 할 수 있는 아일랜드의 유서 깊은 종합 전시장에서 출품된 과제들을 전시한다. 연구개발을 직접 수행한 젊은 과학자 학생들, 지도하여 주신 선생님, 언론 보도 매체, 과학 기술 관련 인사, 그리고 관람객 등 4만명이 모두 모여 국가적인 과학 기술 잔치를 하게 된다.

이 자리에서 학생들은 연구 개발 내용을 구체적으로 설명하게 되며 엄정한 2차 심사를 거쳐 대기업-중소기업의 스폰서들로부터 받은 200여개의 크고 작은 상과 상금을 받고 이 때 대상을 받은 학생들은 저녁 시간의 뉴스 방송을 통하여 전국에 소개된다.

세계 어느 나라든 초중고등학생들의 과학 기술에 대한 관심을 불러 일으키기 위하여 행사를 치르지 않는 나라는 없을 것이며 한국 역시 전국 학생 과학 발명품 경진 대회가 과학기술정보통신부와 국립중앙과학관 등의 주최 · 주관으로 이루어지고 있다.

그러나 전국의 중고등학교수가 약 550여개, 전국의 중고등학생이 약 40만명인 작은 국가 아일랜드란 점을 고려하면 이 대회의 관심 및 참여도는 실로 상상 밖의 일이다. 1965년 부터 오늘까지 58년간 코로나 팬데믹 기간 중에도 온라인으로 개최하면서 한 해도 쉬지 않고 꾸준히 추진한 그 열심과 정성은 실로 높이 평가를 받아야만 할 것이다.

혹여 중고등학생들의 연구 발표라 하여 그 수준을 경시할 수 있다고 생각된다면 2022년 대상을 수상한 연구 발표 제목이 '베르누이의 삼각형 사등분 문제의 새로운 메타휴리스틱 해법'이었으며, 이 학생들은 2022년의 EU 젊은 과학자 경진 대회에 가서도 최고상을 거머쥐게 되었음을 알 필요가 있을 것이다. 이렇듯 국가적인 과학기술의 저력을 다음 세대의 젊은이들을 통하여 새로이 다지는 이 이상의 좋은 방법이 또 있을까 생각을 해 본다.

TY 시행을 통하여 얻은 열매 및 교훈

그렇다면 이제는 어떠한 열매가 지난 약 40여년 동안 맺어졌는가를 살펴볼 필요가 있을 것이다. 분명 전환 학년인 TY를 통하여 개인적인 개발, 정체성의 확립, 적성과 소질의 탐색, 새로운 친분의 형성, 리더쉽의 함양과 팀웍의 중요성 인식이 이를 거쳐간 학생들에게 주어졌다고 할 수 있을 것이다. TY의 최고 이상인 지적이고도 정신적인 성장, 그리고 각자에게 이전에 없었던 자신감이 생긴 것도 부인할 수 없다.

이와 함께(우리나라의 경우에 비하면 그 심적인 부담이 이루 말할 수 없이 덜함에도 불구하고) 악몽과 같은 입시 준비에서의 자유로움도 빼 놓을 수 없는 장점이고, TY 기간을 마친 학생들을 조사하면, 고등학교의 남은 2년 기간 동안 대학 입시를 본격적으로 집중하며 준비하는 데에 실로 큰 도움을 받았다고 한다.

한편 단점으로는 대부분의 커리큘럼이 TY 학생의 자발적인 참여로 이루어지다 보니, 학교에서 그리고 사회 일선에서 이 학생들을 흔쾌히 전폭적으로 수용할 수 있는 인프라가 부족한 지역인 경우, 학생들이 충분히 도전을 받지 못하였다고 기록이 되고 있다. 쉽게 말해 TY 관련의 특별 활동의 기회가 얼른 포착되지 못하거나 또는 주어지지 않는 경우에는(청소년은 청소년이니 만큼) 학생들이 이내 오락을 찾는다는 것이다. 호르몬의 덩어리라 해도 과언이 아닌 사춘기 십대 청소년들에게 끼리끼리 모이지 말고 저마다 자신의 미래를 적극적으로 구상하기를 요구하는 것은 당연히 무리일 수 밖에 없는 것이다.

또 하나의 잊어서는 안 될 단점이 있다. TY 전환 학년을 거쳐간 학생들의 조사에서 보면, 전체 학생의 25% 가 그 이전 학년(중3) 때에 TY가 구체적으로 무엇을 추구하는 과정인지를 알지 못하고 다음 학년으로 진학했다는 것이다. 다시 말해, 진작 자아의 발견 및 성숙, 적성과 소질의 탐색을 위해서는 자신이 보유하고 있는 지적, 심적, 영적인 도구(tools)가 무엇인지 미리 인식을 하고 있어야 하는데, TY '본 게

임'에 진출하는 순간에도 안타깝게도 그 준비가 되지 않았다는 것이다. 즉, 마음을 가다듬고 자신의 정체성을 발견하는 토양을 아무리 학교가 제공하더라도, 진작 눈을 지긋이 감고 자신을 돌아 보아야할 철학을 보유하고 있지 않으면 바로 눈 앞의 흰 벽만 보일 뿐 삶의 의미를 추구하는 대답들은 요원할 수 밖에 없다.

이것이 아일랜드 고등학교 1학년(10학년)의 일부 학생들의 사정이라 하면, 현재 자유 학기제-자유 학년제가 시행되는 우리나라의 중1 학생들은 과연 그들의 정체성의 확립이 잘 이루어질 수 있을까 의문을 던질 수 밖에 없다. 중학교 단계가 적절하다고 판단한 우리나라 교육계의 결정은 사회-문화-경제 등의 여러 복합적인 이유들을 모두 감안한 것이었겠으나, 중3이나 고1이 대학 입시에 너무 임박한 시기라는 의견이 당시에 지배적이었을 것이라는 의심을 떨쳐 버리기는 어렵다.

...... 50년 전의 아일랜드의 교육부를 책임졌던 리처드 버크 장관의 말 대로 가치관이 형성되는 기간 중의 젊은이들이 "가만히 서서 지긋이 미래를 응시하면(stand and stare)" 참으로 금은보다도 귀한 삶의 철학과 굳은 결심이 다가올 것인데, 요사이 청소년들이 응시하는 곳은 그들의 휴대 전화기에 그치는 것 같아 안타까울 뿐이다.

07

북 아일랜드 역사의 소용돌이(상)

...... 참으로 다루기 무거운 현대사 주제이다. 아일랜드와 영국, 그리고 전 세계에 흩어져 있는 아이리쉬의 디아스포라를 발칵 뒤집어 놓은 사안들을 꼼꼼하고 치밀하게 되짚어야 한다는 점에서다. 필자도 이 문제를 다루기에 앞서 두려움이 느껴지는 건 어쩔 수 없다. 그간 많은 학자와 전문가, 언론인들이 다각적으로 깊이 분석하여야만 이해가 되는 복합적인 문제이기 때문이다. 하지만 3인칭 관찰자 시점에서 사실은 사실대로 인정하면서, 현재까지 온 상황을 한 번은 정직하게 돌아볼 필요가 있을 것 같다.

아일랜드 초기의 역사

슬픈 사실이지만 아일랜드가 그 주권을 영국에게 빼앗긴 기간은 이럭저럭 800년의 세월이다. 원래 족장들이 각각의 지역을 다스리고 있고 이들을 연합하여 지배하는 상왕(High King) 제도를 가지고 있었던 아일랜드 섬은 1169년 앵글로 노르만 족의 침입으로 영국의 지배 하에 있게 된다. 그 후 말도 많고 탈도 많고 왕비도 많았던 헨리 8세가, 당시 대륙에서 기독교의 부패를 대범하게 지적했던 마르틴 루터와 죤 칼방 등의 종교 개혁자의 물결에 무임 승차하여 잉글랜드 교회(Church of England, 성공회)를 로마 가톨릭 교회로부터 분리시키고 천주교를 박해하기 시작하였다.

이 박해는 영국과 아일랜드에 소재한 모든 수도원의 해산과 성당 재산 몰수부터 시작하여 잉글랜드와 스코틀랜드의 개신교도들이 아일랜드의 얼스터 지방(Ulster, 지금의 북 아일랜드 영토와 거의 동일)에 정착하게 되는 식민지 정책으로 이어진다. 이후 크롬웰과 의회주의자들에 의해 영국이 잠시 의회주의 공화국으로 바뀌자 아일랜드에서의 가톨릭 신자들의 핍박은 더욱 가세가 되고, 당시 아일랜드 인구의 5분의 1이 전쟁과 기아와 전염병으로 목숨을 잃게 되는 참극으로 이어진다.

설상가상으로 17세기 내내 천주교인들에게 불평등한 형벌(Penal Laws)들이 제정되어 가톨릭 교도이면 아일랜드에서 교육을 받을 수도, 공직을 가질 수도, 재산을 소유할 수도 없는 등 일방적으로 불리한 종교 탄압이 18세기까지도 이어졌다.

대부분이 천주교 신자였던 아일랜드 국민에게 가하여진 핍박이었으니 그들에게는 재산도 권력도 취할 기회가 없었다. 사정이 이러하다보니 19세기 중반의 감자 역병 대기근으로 가장 큰 피해를 본 사람들 역시 이들일 수 밖에 없었다. 반면에 아일랜드 섬의 북동편 귀퉁이 북 아일랜드 지역에 몰려 살고 있었던 대부분의 개신교도들은 18~19세기의 산업 혁명의 경제 혜택이 바로 그들의 삶으로 전달되어 조선공업, 마직 섬유 산업 등의 발달과 함께 삶의 질이 영국 본토와 보조를 맞춰가고 있었다.

즉, 종교적인 차별로 시작된 한 민족에 대한 불평등이 긴 세월이 지나는 동안 커다란 인권적이고 경제적인 격차를 가져오고 만 것이다. 지금도 간간이 보이는 이 인간 비극에 가슴이 아픈 이유는 가장 순수하고 심오하여야 할 종교가 단순히 사람과 사람을 분리시키고 가르는 프레임 뿐으로만 사용되고 있었다는 사실이다. 더더욱 가슴 아픈 것은 천주교와 개신교 모두 동일한 천주 하나님을 믿고 있는 신앙이며 공통적인 핵심 사상이 희생적인 사랑을 통한 백성의 구원이라는 것을 뻔히 앎에도 불구하고 이 모순된 차별을 이들이 계속하고 있었다는 것이다.

경제 논리로만 따지자면 1916년 아일랜드의 부활절 항쟁 이후 이어진 내전에서 당시 인간의 기본권을 빼앗기고 가난에 허덕였던 가톨릭 신자가 다수인 아일랜드 대부분의 지역이 영국으로부터 자주 독립을 얻기 위한 투쟁에 참여하는 것이 당연하였다. 반면 자신들의 생활권이 보장된 북 아일랜드의 사람들이 영국 연방에 귀속되고자는 하는 의지를 밝히는 것도 그리 이상하다고 여길 수는 없다.

그리하여 1922년에 체결된 영국-아일랜드 조약(Anglo-Irish Treaty)에 의하여 북쪽의 6개 카운티는 스코틀랜드, 웨일즈, 잉글랜드와 동등한 위상으로 영국에 귀속되는 북아일랜드(Northern Ireland)로, 나머지 26개 카운티는 영국으로부터 독립된 아일랜드 자유국(Irish Free State)으로 분리되고 만다.

아일랜드 공화군(IRA)의 등장과 폭력 투쟁

이 조약으로 성향과 경제적인 수준이 비슷한 사람들이 모인 북아일랜드가 구성되었다고 하더라도 개신교 다수 사람들 틈 속에 소수의 가톨릭교 사람들이 함께 살고 있기 마련이었다. 그리고 이런 상황 속에서도 민주주의에 의거한 다수결의 원칙을 실행하면서 소수 의견을 존중하면 되는 것이었다.

하지만 안타깝게도 소수에 대한 차별과 이들을 내쫓고자 하는 폭력 행위가 곧바로 북아일랜드에서 시작되었다. 안 그래도 아일랜드의 통일을 염원하며 혹독한 내전을 치른 민족주의 노선의 아일랜드 공화군(Irish Republican Army, IRA)은 소수의 카톨릭 교도들이 핍박받는 데에 분개하여 북아일랜드에 사는 다수 개신교도들에 대해 역시 동일한 폭력으로 대항하였다. 이로써 아일랜드 내전이 끝났음에도 불구하고 형제 이웃 간의 피흘림이 북아일랜드에서 계속된다.

다시 말해 역사적으로는 초기에는 종교의 탄압으로, 그리고 잉글랜드 민족이 아일랜드 민족을 이등국민으로 강등시키는 차별 정책이 400여년 동안 계속되다 보니 이제는 그 본래의 원인을 잊고 아일랜드 민족 간의 인권 탄압과 기득권의 유지를 비롯한 정치 · 경제 · 사회 문제로 고착화되고 만 것이다. 설상가상으로 이 모든 문제들이 폭력으로 해결될 수 있다고 생각하는 많은 아이리쉬인들 때문에 한정 없이 그 비극이 계속되고 이어졌다고 봐야 할 것이다.

이름하여 북 아일랜드 분쟁(The Troubles)이다. 이는 1960년대 말부터 약 30년간 아일랜드 통일을 목적으로 구성된 준군사조직(paramilitary group)인 IRA, 친영 준(準) 군사조직인 얼스터 의용군(Ulster Volunteer Force, UVF), 그리고 이들간의 무력 살상을 막기 위하여 파견된 영국군과 왕립 얼스터 경찰(Royal Ulster Constabulary, RUC) 등 네 개의 집단을 중심으로 일어났던 아일랜드의 참극이다. 이 과정에서 생명을 잃은 사람이 3500여명, 부상을 입은 자들이 4만명 이상이었으며, 북아일랜드에 거주하는 사람 누구든 사상자의 가족 또는 친분이 없는 사람이 없었기 때문에 이 비극을 피한 사람은 사실상 아무도 없었다고 봐도 과언이 아니다.

가장 대표적인 사건이라면 1972년 1월 30일 벌어진 피의 일요일(Bloody Sunday)을 들어야 할 것이다. 정부가 영장없이 피의자를 강제구금할 수 있었던 북아일랜드 당시 이 제도를 반대하며 인권 평등과 회복을 되찾고자 데리(Derry)시의 시민이 평화 시위를 하던 중 영국군이 무차별 발포하는 사태가 벌어졌다. 그 결과로 13명이 즉사하고 부상자 중 1명이 후일 사망하여 총 14명의 사망자를 가져왔다. 북아일랜드 분쟁 기간 중의 가장 어두운 나날 중의 하나로 기억되는 이 사건에 대해 영국 정부의 즉각적인 조사가 있었으나 영국군 공수여단의 진압이 정당하였다는 정부 옹호 결론만 나오고 진실이 밝혀지지 않았었다.

그러다가 26년 후인 1998년에 토니 블레어(Tony Blair) 총리에 의해 이 사건은 재조사에 들어갔고, 그로부터 12년 후인 2010년 데이비드 카메론(David Cameron) 총리는 공식적인 정부의 깊은 사과를 의회에서 발표하면서 영국군의 과잉 폭력 진압으로 데리의 시민이 부당하게, 그리고 일체 정당화될 수 없는 방식으로("unjustified and unjustifiable") 희생 당하였음을 선언하였다.

한편 1981년의 메이즈(Maze) 형무소에서 일어난 IRA 소속원들의 단식 투쟁도 언급지 않을 수 없다. 1970년대 초 법정에서 유죄 판결을 받은 IRA테러범들은 전쟁 포로로 간주되어 다른 재소자들처럼 죄수복을 입지 않고 강제 노역에 가담할 필요가 없었다. 그런데 이렇게 함으로써 형무소 내에서도 IRA 소속원들간의 지휘 명령 체계가 유지됨을 본 영국 정부는 1976년 부터 전쟁 포로 특별 대우를 없앴으며, 이에 반발한 재소자들은 모포 투쟁(Blanket Protest)을 시작으로 여러 방식의 투쟁을 하다가 1981년 3월 부터는 연쇄 단식 투쟁에 들어간다.

단식을 최초로 개시한 사람은 IRA 지휘관 출신 보비 샌즈(Bobby Sands)였는데, 이 와중에 북아일랜드에서 영국 하원 의원 보궐 선거가 발생하여 후보로 등록하고 민주적으로 옥중 선출되기도 했다. 샌즈로 시작된 단식 투쟁은 총 23명까지 늘어갔으며 66일만에 사망한 샌즈를 포함하여 총 10명의 IRA(또는 유사조직인 INLA) 소속 재소자들이 아사하게 되었다. 당시 들끓는 여론과 정치적인 논쟁 속에서도 마가렛 대처 총리 정부는 무력 집단과는 어떠한 협상도 완강하게 거부하였으며 평화적이고 정치적인 대화만이 유일한 해결책이라는 것을 암시하였다.

이에 대항해 IRA는 오히려 무장 폭력 테러의 수위를 높이고 대처 총리에게 복수를 하고자 영국 보수당의 1984년 전당 대회가 열리고 있는 영국의 해변 휴양 도시인 브라이튼에서 대처 및 영국 내각이 숙소로 삼고 있었던 그랜드 호텔에 폭탄 테러를 감행하였다. 새벽에 터진 폭탄에 5명이 사망하였으며 당시 호텔 방에서 집무를 보고 있었던 대처 총리는 다음 날 아침 예정된 전당 대회 연설을 통하여 민주주의를 붕괴하는 테러를 부정하는 영국인의 의지는 그 어느 누구도 굽힐 수 없다고 열변을 토했다. 이는 IRA의 의도와는 정 반대로 대중의 지지를 얻게 만드는 결과를 낳았다.

노벨상에 빛나는 아일랜드 평화주의 활동

다행히 서로가 서로를 폭력과 억압으로 맞대응하는 시도만큼이나 눈앞에 전개되는 이 비극을 종료시키기 위한 노력 역시 수 없이 많았다. 1976년 한 IRA 소속원이 운전 도중 영국군의 총격을 맞고 즉사하면서 그 자동차가 인도를 침범해 마침 걸어가고 있던 어머니와 세 자녀를 덮쳐 자녀들 모두 목숨을 잃은 사건이 있었다. 이를 직접 목격했던 33세의 베티 윌리엄스, 그리고 목숨을 잃은 어린 세 아이의 이모였던 32살의 메어리드 코리건은 1만여명의 천주교와 개신교 여성들과 함께 평화의 행진을 시작했다. 이어 3만 5000여명의 '평화를 위한 여성회(Women for Peace)'의 행진을 벨파스트 시에서 개최하게 된다. 그 이후 여성들에게만 제한되지 않는 운동이다 보니 그 이름이 바뀐 '평화인 공동체(Community of Peace People)'는 계속하여 북아일랜드의 평화를 위하여 시위를 하게 되었고 이듬해 1976년에 윌리엄스와 코리건은 노벨 평화상을 공동 수상하게 된다.

이런 사례에서 볼 수 있듯이 인도주의와 만민 평등을 염원하는 아일랜드 국민들은 한동안 묵묵히 목도하기만 했던 비극의 연속과 혼몽과 좌절의 대물림을 끊고자 의지를 드러내 보이기 시작하게 된다. 그 연장선으로 외교적인 차원에서도 북아일랜드의 문제는 영국만의 문제가 아니라 아이리쉬 민족 및 미국 그리고 유럽연합(EU) 등이 함께 풀어 가야할 숙제임을 깨닫게 된다.

이를 바탕으로 북아일랜드 정부가 아일랜드 정부의 자문을 받으며 북아일랜드 국민의 과반수의 찬성이 있을 시에 아일랜드 섬의 통일이 가능할 수 있음을 시사하는 영국-아일랜드 협정(Anglo-Irish Agreement)을 1985년 영국의 마가렛 대처(Margaret Thatcher) 총리와 아일랜드의 가렛 피츠제럴드(Garrett FitzGerald) 총리가 체결하게 된다.

08

북 아일랜드 역사의 소용돌이(하)

역사는 영원히 되풀이 된다.

- 고대 그리스 역사학자 투키디데스 외 -

역사는 되풀이 되지 않는다. 역사가들이 서로의 이론을 반복할 뿐이다.

- 영국 수필가 맥스 비어봄, 1896 -

...... 어찌보면 모두들 지쳤던 것일까. 아니면 너무도 많은 희생자들의 장례를 참석하면서 한 사람 한 사람의 삶의 아름다움을 새삼 귀중하게 여겼기 때문일까. 피비린내 나는 아일랜드 분쟁의 당사자들은 자신들이 주장했던 노선이 바라는 바 목표를 달성하기 힘들 것이란 판단을 내리게 됐다. 한 쪽에서는 무력 항쟁을 통한 나라의 통일을, 다른 한 쪽에서는 무력 진압을 통한 치안과 평화의 유지를 꿈꿨지만 불가능하다는 걸 깨달은 것이다. 그리고 느릿느릿하지만 그 벡터가 평화와 이해와 관용으로 지향되는 아일랜드 국민이기 때문에 점차적으로 자신의 주장들을 포기하기 시작하게 된다. 이 때가 1990년대 초반이다.

그리고 세계 여기 저기서 어쩌면 작은 발걸음에 불과한 것처럼 보이나 모두 결정적인 요소로 작용한 중요한 활동들이 벌어진다.

첫째는 폭탄 테러 및 북아일랜드의 국가 기관 전복을 위한 돈 줄을 끊었다. 1980년대 까지만 해도 아일랜드 공화군(IRA)의 가장 큰 옹호 집단이자 결정적인 자금 지원을 해 주었던 사람들은 다름아닌 미국에 살고 있는 당시 4000만명으로 추산되는 아일랜드계 미국인들이었다. 미국이란 나라도 200여년 전인 1776년에 영국으로 부터 독립한 사실에 그들이 너무도 감동해서 그런지 미국에 거주하고 있었던 아일랜드 디아스포라는 IRA의 재정적 지원이 곧 영국으로부터의 독립을 의미하는 것이며, 영국으로부터의 독립은 아일랜드의 민족 통일로 직결된다고 생각했었다.

아니나 다를까 미국에는 아일랜드에게 지원을 주는 동포 단체들이 여럿 있는데 이 중 북아일랜드 구제 위원회인 노레이드(NORAID, Irish Northern Aid Committee)는 그들의 모금액 중의 대부분을 IRA(엄격히 말하면 당시의 명칭은 임시 IRA, Provisional IRA)에게 주어졌다. 노레이드는 심지어 미국 마피아 조직 범죄단의 도움으로 무기를 구입하여 아일랜드 공화국으로 밀수하기까지 했다는 보도가 있을 정도였다.

그리고 미국 연방수사국(FBI) 등의 제재로 직접 밀수할 수 없게 되자 당시 리비아를 독재 통치하면서 반 외세를 표방하던 카다피의 도움을 받아 무기를 옮겼다고 전해진다. 그러나 1990년대 부터 평화 프로세스가 강조됨에 따라 아일랜드계 미국인들의 노레이드에 대한 지원은 끊어지기 시작한다. 이 작은 발걸음에는 미국 정부와 아일랜드 정부의 기여가 컸다.

급진 노선 IRA에 대한 미국의 지원 중단이 주효

둘째는 IRA 소속의 정치계파인 신 페인(Sinn Fein)이 성장하도록 하기 위한 전폭적인 측면 지원이 있었다. IRA의 주류는 무력으로 영국의 통치를 거꾸러뜨리고 아일랜드 섬의 통일을 염원하는 부류의 사람들이었다. 그러나 점차 비록 그 시일이 오래 걸리더라도 평화적이고 합헌적인 방법으로 민족의 통일을 이루어야 한다는 계파가 생겨 IRA에서는 그들의 일부 활동을 허락하여 준다.

특히 이 새로운 노선을 강하게 피력한 IRA의 제리 아담스(Gerry Adams)의 신선함에 많은 IRA 사람들이 호응을 하였으나 여전히 주류로 부터 지지를 받지 못하던 상황에서 미국의 빌 클린턴 대통령과 많은 정부 관료들이 아담스를 음으로 양으로 격려를 주게 된다. 테러 조직으로 정의되어 미국내에서 그 활동이 금지된 IRA임에도 불구하고 제리 아담스에게는 특별히 미국 입국 비자를 허용하고 미국의 주요 정치 인사들을 만나도록 도와주며, 아이리쉬계 미국인들을 통하여 신페인의 정치 자금 모금을 가능하도록 한다. 이를 통하여 IRA 내부에서도 그의 위상이 높아지게 되고, IRA 주류들이 그들의 생각을 바꾸는데 큰 역할을 하게된다.

뿐만 아니라 어떤 협상에도 필수적으로 선결될 IRA의 테러 활동 종식을 1994년으로 앞당기게 되었다. 이 작은 발걸음에는 미국 클린턴 대통령과 정부와 의회, 그리고 비공식적인 채널을 통하여 이의 필요성을 꾸준히 피력했던 아일랜드 정부의 기여가 결정적이었다. 흥미로운 사실은 이미 북아일랜드에 합헌적인 방법으로 민족주의 이상을 가지고 활동하는 사회 민주 노동당(SDLP, Social Democratic and Labour Party)이 있었는데 그들의 뛰어난 지도자 죤 휴움(John Hume) 덕분에 평화적인 프로세스를 위한 행보가 오래 전부터 있었다는 점이다.

셋째는 아일랜드 공화국도 북아일랜드의 이슈를 함께 풀어주는 주체 중의 하나라는 공감대가 형성되었다. 1980년대 까지만 해도 영국 정부는 IRA가 감행하는 갖가지 테러 활동을 북아일랜드 내부의 치안 문제로 간주하였으며, 미국이나 서방 세계가 이에 대하여 의견을 표현하면 이를 내정 간섭이라 여기며 비난을 하였다. 그러나 영국의 정보국에서도 IRA의 완벽한 진압이 불가능할 것이라고 분석하고, 여기에 미국이 그 동안 북아일랜드에서의 인권 유린을 강력하게 비난하여 1985년에 영국-아일랜드 협정(Anglo-Irish Agreement)이 이루어지게 된다. 이 작은 발걸음에는 영국과 미국의 기여가 컸다.

넷째, 양 진영의 준군사조직(paramilitary organization)의 무장 해제를 가능하도록 하였다. 살상용 무기를 가까이 둔 상황에서 진정된 평화 프로세스의 추구는 불가능하다는 것은 모두가 아는 이치였다. 그러나 이를 공식적으로 투명하게 그리고 형평성 있게 해체를 할 수 있는 기구도 전례도 없었다. 그러나 1995년 미국의 상원의원 죠지 미첼(George Mitchell)을 위원장으로, 핀란드의 전임 총리 하리 홀케리(Harri Holkerri), 그리고 캐나다의 전임 군 최고 사령관인 죤 드샤스틀레인(John deChastelain)과 함께 구성된 무장 해제 위원회가(예정보다 수 년 지연이 되었으나) 실질적으로 이를 가능케 하였다. 이 작은 발걸음에는 미국 · 영국 · 아일랜드 정부 당국이 큰 기여를 하였다.

다섯째, 경제적인 협력을 통하여 삶의 질을 높여주겠다는 약속을 하였다. 1992년 미국 경제의 불황을 타개하겠다고 공약하여 선출된 클린턴 대통령은 북아일랜드 사람들에게도 비슷한 약속을 하게 된다. 즉, 미국에서 큰 성공을 거둔 아이리쉬 계통의 미국인 보다 좋은 예가 없으며 만약 평화를 되찾도록 온 민족이 노력을 하면 미국의 큰 투자가 있을 것이라고 하였다. 그리고 미국 뿐만 아니라 EU 도 큰 기여를 했으니 미국은 아일랜드 국제기금(The International Fund for Ireland) 을 통하여 25여년에 걸쳐 9억 달러의 지원을 하고, EU 도 북아일랜드 평화와 화해를 위한 프로그램(Programme for Peace and Reconciliation in Northern Ireland) 을 통하여 20여년에 걸쳐 약 13억 유로를 지원하였다.

그리하여 실로 많은 나라의 수 많은 사람의 노력을 배경으로 드디어 1996년 6월 10일에 미국 상원의원 죠지 미첼을 의장으로 다자협의체가 구성되었으며, 미첼의 어록처럼 '700 여 번의 실망'을 모든 참여자들이 경험 하였다. 이 기간 중에 IRA 내의 소수 분파가 테러 활동을 재개하여 연방주의 준군사조직들이 이내 보복을 할 것으로 염려가 되었으나 다행하게도 자제를 하였고, 연방주의를 표방하는 북아일랜드의 얼스터 연방당(UUP, Ulster Unionist Party)은 당수 데이비드 트림블(David Trimble)의 용감한 리더쉽이 아니었다면 언제라도 협상 테이블을 박차고 나왔을 것이다.

여기서 아일랜드 정부의 대 양보를 언급할 필요가 있다. 아일랜드 공화국의 헌법 틀은 1937년 제헌 때부터 존재해왔던 것으로 아일랜드 국가 영토에(북아일랜드 영토를 포함하여) 아일랜드 섬 전체를 포함하고 있었다. 그러나 연방주의자들의 북아일랜드 영토의 주권에 대한 염려를 십분 고려하여 아일랜드 헌법의 개정을 전격적으로 용인한 것이다. 아일랜드 정부의 개정안은 아일랜드의 영토를 정의했던 기존의 제2조와 달리, 개정된 제2조는 아일랜드 국민의 정체성을 정의하였으며 개정된 제3조는 아일랜드 공화국과 북아일랜드 양 국가의 국민의 과반수가 동의할 경우에만 평화적인 방법으로 통일을 진행할 것임을 명시하고 있다.

국가 간의 조약이나 협정 체결을 위하여 자국 헌법의 가장 기조되는 조항을 개정하는 나라가 또 어디 있을까 새삼 묻게 된다. 그리고 이 헌법 개정안이야 말로 그간 700여일 서로를 부둥켜안고 머리 터지도록 대화에 임한 다자간 협의체의 진정성을 상징한다고 하여야 될 것이다. 또 이 협정의 성공 요인은 모든 참여자들이 자신에게 유리한 조건을 얻어가는 것이 아니라 모든 것을 내 주고 양보하는 정신(winning-by-giving-up)을 실천하는 데에 있었던 것이다.

평화 여정의 소중한 결실이 된 벨파스트-성금요일 협정

이 눈물나고 감동적인 노력은 1998년 4월 10일 북아일랜드의 벨파스트 협정 또는 성금요일 협정(Belfast Agreement or Good Friday Agreement)이라는 결실을 가져왔다.

협정은 크게 세 가지의 내용을 담았다(Three Strands). 여기에는 ▲북아일랜드 자치 의회와 정부의 구조 ▲북아일랜드와 아일랜드 공화국과의 관계 ▲아일랜드 공화국과 영국과의 관계가 포함됐다. 새로 설립되는 북아일랜드 자치 의회는 권력 공동 책임제(power-sharing)를 기본 원칙으로 하여, 연방주의 대표와 민족주의 대표가(의석 수에 비례하여) 북아일랜드 정부의 수상(First Minister) 또는 부수상(Deputy First Minister)을 맡도록 했다. 또한 모든 업무에 있어서 합의를 원칙으로 나라를 꾸려가도록 하였다.

항상 편파적으로 연방주의자들만을 위한다고 민족주의자들의 의심을 받아왔던 얼스터 왕립 경찰(RUC, Royal Ulster Constabulary)은 완벽하게 새로이 개편하여 북아일랜드 경찰청(PSNI, Police Service of Northern Ireland)으로 개명되었다. 아울러 무장 해제를 완성하도록 하였으며 마지막으로, 많은 비판에도 불구하고 IRA · UVF 등의 준군사조직 소속으로 실형을 살고 있었던 재소자들의 석방이 이루어졌다.

이토록 어렵게 살얼음을 걷듯 다자간의 의견을 조심스럽게 담은 벨파스트-성금요일 협정에는 한 가지 남은 숙제가 있었다. 이의 채택을 국민 투표로 결정할 필요가 있었고, 협정 체결 약 한 달 후인 1998년 5월 22일에 선거가 이뤄졌다. 예측이 가능한 부정적인 미래를 선택할지 또는 예측 불허의 잠재적으로 밝은 미래를 선택할지를 가르는 순간이었다. 이는 자신의 현재 상황을 고려할까 아니면 자식의 앞날을 고려할까를 다루는 참으로 어려운 선택이었고 또한 용감한 선택이 필요한 순간이었다.

결과는 채택을 압도적으로 선택하는 쪽으로 나왔다. 북아일랜드에서의 국민 투표에서는 81%의 투표율에 71.12%의 찬성을 받았으며, 아일랜드 공화국에서의 헌법 개정 투표에서는 56%의 투표에 94%의 찬성을 받았다. 세계 어디에도 찾아보기 힘든, 한 민족의 800년 역사의 숙명을 한 순간에 바꾸는 결정을 아일랜드 백성들은 해냈던 것이다.

협정의 세부 내용 중에는 그 실행에 생각보다 많은 시간이 걸린 조항도 있었다. 또 IRA가 협정에 참여한 것을 못 마땅하게 여긴 '참 IRA(Real IRA)' 라는 분파가 1998년 8월 오마(Omagh)시에 폭탄 테러를 감행하여 29명이 목숨을 잃는 대비극이 발생하기도 했다.

하지만 중요하고도 놀라운 사실은 이 모두에 대한 반응이 일체의 극단적인 행동 없이 최대의 자제를 모두 보여주었다는 것이다. 다시 말해 자신들이 민주적인 절차로 기획한 민족의 대 청사진에 공동 책임을 지겠다는 답을 전 세계에 알려준 것이다.

이 협정이 체결된지 25주년이 되는 올해 짚어보야 할 대목도 있다.

우선 슬픈 사실이지만, 이 긍정적인 결과가 나오기까지의 희생이 너무도 컸다는 점이다. 북아일랜드 분쟁의 경우 생명을 잃은 사람이 3532명, 부상을 입은 자들이 4만명 이상이었다. 통계를 조금 더 자세히 보면 IRA 등 민족주의 진영에 의하여 목숨을 잃은 사람이 전체의 59%, 연방주의 진영에 의하여 목숨을 잃은 사람이 29%, 영국군 또는 얼스터 경찰에 의하여 목숨을 잃은 자들이 10%였다. 다시 말해 약 90%의 희생이 공권력이 아닌 양 진영의 군사 조직 테러에 의하여 자행됐다.

둘째는 민중의 생명을 자신의 생명보다, 시민의 권익을 개인의 권익보다 더 중요하게 여긴 사람 또는 단체가 참으로 드물었다는 것이다. 그저 당시의 세태와 상황과 감정이 북받치는 대로, 올곧게 서 있지 못하고 비참한 소용돌이 속에 모두가 함께 휘말려 있었던 긴 30년 기간의 북아일랜드, 아일랜드 공화국, 그리고 영국이었다.

앞서 16세기에는 종교의 차이를 명분으로 핍박이 이루어질 수 있었겠으나 폭력과 인권 유린을 계속하면서 20세기에 까지 종교를 잣대로 구분하는 것은 무척이나 잘못된 일이었다. 그리고 이 상황에서 종교 제도권이 희생적인 사랑으로 계속되는 불의를 끊을 수 있었다면 얼마나 좋았을까 상상해본다. 여러모로 부족한 필자가 현재 한사람의 아일랜드 개신교 장로로서의 경험을 나누면, 지금도 성도들의 삶과 자신들의 권익을 선택하여야 하는 기로에서, 희생적으로 모범적으로 기독교의 참 진리를 실천하는 제도권 종교 지도자들을 찾아보기가 어려움에, 큰 책임감과 함께 더더욱 큰 부끄러움을 느낀다.

셋째는 흔히 북아일랜드의 분쟁을 우리나라의 남북 관계와 비교하는 신문 기사나 논문을 보게 된다. 하지만 유사한 부분이 없는 것은 아니나 확연하게 다른 점들을 형평성 있게 다루는 것도 필요할 것이다.

북아일랜드와 아일랜드 공화국에는 공통적으로 의사 표현의 자유, 언론의 자유, 그리고 집회 결사의 자유가 있었다. 즉 폭력의 길을 선택하지 않으면서 3500 여명의 희생자들 중 90%의 귀중한 생명을 빼

않지 않고 합헌적이고 평화적인 방법으로 변화를 모색할 수 있었을 것이다. 왜냐하면 극단적인 방법을 선택하면 상대방도 그에 못지 않게 원 상태로 되돌아가기 어려운 극단적인 방법으로 반응할 수 밖에 없기 때문이다. 사실 성금요일 협정 당시의 다자간 대화 때에도 극단적인 집단이 아닌 평화적인 방법으로 테이블에 나온 사회민주노동당(SDLP)과 얼스터 연방당(UUP)이 있었으며 이들의 지도자인 죤 휴움과 데이비드 트림블은 1998년 노벨 평화상을 수여 받았다.

...... 너무도 많은 희생의 댓가를 치룬 북아일랜드의 소용돌이 역사를 되돌아 보면서 한반도 평화와 통일 한국을 생각하게 된다. 함께 중지를 모아 우리 민족의 통일을 위하여 지혜롭게 준비할 필요가 있을 것이다.

09

한-아일랜드의 디아스포라와 재외동포 영향력

...... 서로 평행선을 이루는 우리나라와 아일랜드의 역사적인 맥락. 그리고 뼛속 깊이 예술을 사랑하는 양 민족의 심성. 많은 사람들이 아일랜드는 적은 인구의 작은 나라라고 여기고 있지만 전 세계에 퍼져있는 7000만명의 아이리시 디아스포라(Diaspora)는 현재 미국 · 영국 · 호주 · 캐나다 등에서 정치 · 경제 · 문화 · 예술 · 과학기술 등의 제 분야에서 돋보이게 활약하고 있다.

흥미롭게도 아일랜드의 이민사는 전 세계에 거주하고 있는 730만 여명의 대한민국 재외 동포와 비슷하여 간간이 우리나라를 '아시아의 아일랜드'라 부르기도 한다. 그리고 그 때문인지 서구 유럽 내에서 자국 인구 100만명 당 한국인 수 랭킹에 아일랜드가 가장 높은 나라 중의 하나이다. 그리고 바로 이러하기 때문에, 우리의 재외 국민이 아일랜드에 미칠 수 있는 실질적인(또는 잠재적인) 영향력 역시 높다고 하겠다.

아일랜드 민족의 세계적인 영향력

이전 서신을 통해 소개했던 바와 같이 현재 510만 인구의 아일랜드는 그 규모보다 수십배의 문화 선도력으로 세계에 영향 주고 있으며 그에 못지 않게 세계 평화 선도력도 UN 안전보장이사회 및 UN 평화 유지군 등을 통하여 그 역량을 발휘하고 있다.

한 개별적인 나라의 수호 성인(Patron Saint)을 위하여 전 세계가 가두 행진을 하며, 기쁨으로 술 마시고 노래하며, 또 강물을 녹색으로 물들여가며 누가 기념하겠는가. 다름아닌 바로 3월 17일, 성 패트릭의 날(St Patrick's Day)에 그러한 기념 행사가 매년 전 세계의 중요 도시에서 개최되고 있다.

한편 정치적인 중립국이기 때문에 일체 동참할 필요가 없는 데도 불구하고 1958년 부터 지금까지 무려 65년간 하루도 빠짐없이 세계 곳곳에 UN 평화 유지군을 파병시키는 나라가 어디 있겠는가.

다름아닌 아일랜드만이 레바논(UNIFIL), 시리아(UNDOF), 인도-파키스탄(UNMOGIP), 아프가니스탄(UNAMA), 하이티(MINUSTAH), 아프리카 다르푸르(UNAMID), 남 수단(UNMISS), 콩고(MONUSCO) 등 관련되지 않은 UN 평화유지 프로그램이 없을 정도여서 EU 내에서 평화유지 파병 군인 수가 6위를 자랑하고 있다.

아일랜드의 재외 동포에 비하면 턱없이 적은 숫자이기는 하나 전 세계에 집계되고 있는 우리 민족의 재외 동포 및 재외 국민 730만명이(안 그래도 호탕하게 그리고 신바람 나게 '일당백' 을 외치는 우리들이니) 아일랜드 국민만큼 해내지 말라는 법이 없다. 아니나 다를까, 두 국가 모두 세계 무대에서 소속 체급 이상의 펀치를 날린다고("punching above one's weight") 말할 수 있을 것이다.

한민족의 유럽 이민사

아일랜드 이민자의 경우는 자국의 악재로부터 벗어나고자 즉 19세기 중반의 감자 대기근으로 굶주림에 허덕이다 못해 대부분이 미국으로 향한 반면, 우리 민족의 미국으로의 해외 이민 물결은 미국에서 제공하는 비교적 우위의 경제적인 삶을 이룩하고자 일어났다.

때는 1903년 용감한 우리 민족의 102명은 하와이의 사탕수수와 파인애플 농장에서 일하기 위하여 그리운 가족 그리고 그리운 고향을 두고 RMS Gaelic(게일릭 호)에 승선하여 호놀룰루 항에 다다른다. 어원상 'gaelic'이 '켈트 족(아일랜드 민족이 이에 포함됨)으로부터 유래되는'이라는 의미가 있는 것을 보면, 우리 민족과 아일랜드 민족 간의 공동 운명체적인 관계는 단순 우연만이 아닌 일찌기 20세기 초 부터 상징적으로 존재하고 있었다고 봐야 할 것이다.

미국에 비해 유럽으로의 우리 민족 이민은 약 60여년 정도 뒤늦게 일어났다. 조금씩 시작된 이민이 1963년 한독 근로자 채용 협정을 통하여 본격적으로 15년간 8000명의 광부들과 1만명 간호사의 파독 근로자를 필두로 프랑스 · 영국 · 스웨덴 · 스페인 · 네덜란드 등으로 이민이 증가되기 시작하였다.

흥미로운 사실은(그리고 어찌보면 당연한 사실일 수도 있겠으나) 타국민의 이민을 장려하는 이민법을 제정하고 그 정책에 맞춰 우리 민족을 맞이한 국가의 경우는 이민 후 자국의 시민권 취득율이 높다. 즉, 독일은 24.8%의 이민자들이 독일 국적으로 취득하였으며 우리나라의 아동 입양에 감사히 너그러웠던 스칸디나비아 국가들은 시민권 취득율이 30%에서 55%까지 이를 정도로 높은 수준이다.

이 국가들의 예는 일본(36.1%)과 미국(50.3%)과 엇비슷하다. 반면 우리 국민의 이민을 제도적인 장치로 장려하지 않은 국가인 영국 · 프랑스 · 이태리 · 네덜란드 · 아일랜드 등의 국가들은 각국에서 필요로 하는 전문적인 분야의 기관 및 회사에 자원한 유능한 개인들이 각 나라에서 한국인의 긍지를 세우는 눈부신 활약을 하며 우리나라 국적을 유지하는 재외 국민이 많은 편이다.

이와 함께 각 나라의 우수 교육 기관에 유학하여 각국 인력 유치 실정에 안성맞춤 식으로 고등 및 대학 이상의 교육을 받고 취업한 학생들도 적지 않게 있으며 이들도 역시 대부분 우리나라 국적을 유지하고 있다.

다국적 글로벌 기업이 많은 아일랜드의 우리나라 재외 국민과 재외동포 현황이 바로 여기에 해당된다. 인종보다는 전문성, 배경보다는 실력, 획일화 보다는 다양성을 존중하는 다국적 기업들 덕분에 아일랜드는 기술과 혁신(innovation)을 중시하는 세계 인력의 기량들이 화합되는 용광로(melting pot)가 되고 있다.

각자의 기여가 존중 받는 사회이니 만큼 각자의 목소리도 존중을 받는 사회이고, 바로 이러하기 때문에(재외국민 인구의 절대 수치는 비록 적다하더라도) 인구 100만명 당 한국인이 많은 나라일수록 소속 국가의 나침반 역할에 기여하고 그 나라 미래의 벡터에 영향을 미치는 기회가 점차 증가되고 있다.

올해 40년 맞는 한-아일랜드 수교 ... 고부가가치 상품 교역

마침 올해 뜻깊은 40주년이 되는 한국과 아일랜드의 수교는 1987년 더블린에 우리나라의 상주 공관이, 1989년에는 서울에 아일랜드의 상주 공관이 개설되어 본격적인 외교 업무가 시작된다. 이러한 깊은 외교 관계를 토대로 2022년 기준 대(對)아일랜드 수출액은 8억 2300만달러, 수입액은 13억 8100만달러며, 주요 수출품으로는 직접회로 반도체, 전산기록 매체, 기타 정밀화학 원료, 승용차, 전기자동차, 합성수지, 의약품 등이다. 주요 수입품은 의약품, 의료용 기기, 컴퓨터 주변기기, 보조 기억장치, 콘택트렌즈, 안경 등 양국 모두 상호 고부가가치 및 고기술 상품들을 거래하고 있다.

앞서 소개한 바와 같이 양국이 '소속 체급 이상의 펀치를 날린다'고 감히 말할 수 있는 이유는 아일랜드의 대한 투자와 우리나라의 대아일랜드 투자는 유럽연합(EU) 27개국 중에서(독일, 프랑스, 이탈리아, 스페인 등의 큰 국가들이 있음에도 불구하고) 각각 랭킹 5위 내에 들어갈 정도로 돈독함을 자랑한다.

우리나라의 기업 진출은 새한미디어(1991-2007)의 슬라이고 생산공장을 필두로 1990~2000년대의 대한항공 콜센터가 있었으며, 산업은행 아일랜드 금융(1997년 진출), 기아자동차(2004년), 웹젠(2013년),

SK바이오텍(2018년), 셀트리온 헬스케어(2019년) 등의 현지 법인들이 세워졌다.

이러한 외교 · 경제 협력과 함께 학술적인 교류, 그리고 전 세계로부터 폭발적인 관심을 받고 있는 우리의 한류 정서와 K-팝(Pop), K-시네마(Cinema) 등의 우리 문화 파급 효과 덕분에 우리나라와 아일랜드 간의 관계는 민간 외교 차원에서도 더욱 깊어지고 있다.

이를 증명이라도 하듯 2014년의 경남 창원에서 2014 K-POP 월드 페스티벌이 개최 되었었는데 아일랜드의 대표로 출전한 GGC Crew는 소녀시대 '아이 갓 어 보이'를 커버하고, 무대 후반부 태극기가 그려진 부채 퍼포먼스를 선보이면서 최고상인 대상을 받았다. 또한 아일랜드의 갖가지 문화 행사에서 초대를 받는 더블린 한글 학교는 학생과 학부모, 그리고 교사들이 합심하여 우리의 전통 사물놀이를 매년 아이리시 민족에게 소개하고 보급하는 크나큰 역할을 맡고 있다.

이렇듯 40년 경륜의 수교 역사답게 성숙하고 불혹의 안정된 위치에 와 있는 한국 - 아일랜드의 관계는 이에 만족하지 않고 점층적으로 한 단계 더 깊어질 수 있었으니 가슴 아픈 외국 강점 경험의 상호간의 공유 인식 덕분이라 할 수 있겠다.

아일랜드인과 한인 공동체 모두가 함께 공감하고 공유한 의미 심장한 행사: 3.1절 100주년 기념식

앞서 언급했듯이 한국과 아일랜드는 각각 주권을 상실한 역사가 오래되다 보니 기나긴 고통과 슬픔 속에서 시련을 견뎌낸 동병상련의 경험을 공유한다고 볼 수 있을 것이다. 또한 이에 굴하지 않고 모두가 단결하여 민족 독립 운동을 실천한 경험도 공유하고 있다.

아일랜드의 경우 1916년 4월 24일 부활절을 기하여 영국에 무력으로 봉기한 1916년의 부활절 항쟁(Easter Rising)이 있었으며, 이 때 독립 운동가 포드릭 피어스(Padraig Pearse)가 저술한 부활절 독립 선언서(Easter Proclamation)가 많은 사가와 학자들로부터 수려하면서도 강렬한 문체로 정치적인 파급 효과는 물론 예술적 가치도 높이 인정받고 있다.

부활절 항쟁의 100주년인 2016년에는 아일랜드 전역에서 최고 절정의 기념식을 연달아 개최했었는데 이 때 트리니티 대학교에서는 독립선언서를 한국어를 비롯하여 20개국의 언어로 번역하여 학문을 숭앙하고 정신 문화를 귀하게 여기는 아일랜드 민족임을 다시금 보여줬다.

이 때로부터 약 3년 후 아일랜드 한인회에서는 2019년 3월 1일(금), 아일랜드 사람들과 호흡을 같이 하며 함께 운명을 동반하는 차원에서, 베스트 셀러 "빨치산의 딸"(1990), "자본주의의 적"(2021), "아버지의 해방일지"(2022)의 작가 정지아 교수와 시청률 1위의 "비밀"(2013) 과 "눈길"(2015), "너를 닮은 사람"(2021) 등을 쓴 드라마 작가 유보라 선생 등 두 분을 아일랜드로 초청하여 기미년 3.1절 100주년 기념식과 공개 강연회 및 영화 상영회를 가졌다.

아울러 한인회는 트리니티대학에서 수행했던 아일랜드 부활절 독립선언서의 우리말 번역 답례로 기미독립선언문의 아일랜드의 고유어 아이리쉬말로의 번역을 UCD(University College Dublin)의 아일랜드 경제사 명예 교수이신 코르맥 오그라다(Cormac O'Gráda) 교수께 부탁을 드렸으며 100주년 기념행사 당시 기미독립선언문의 우리말 낭독과 영문 번역본 낭독 후 직접 읽어주기도 하였다.

동 행사에서 필자가 기초하고 아일랜드 한인회의 운영 위원 공동으로 100년전의 3월 1일 구국의 정신과 세계 만방 공동의 원칙을 부르짖은 선현들을 과연 우리들이 계승하고 있으며 그 분들의 3.1 정신을 충실히 이어가고 있는가를 반성하며 육신적, 정신적, 영적으로 변화된 자신과 우리의 미래를 굳건히 다짐하자는 의미에서 재외 동포 결의문을 발표하기도 하였다.

다음은 결의문 전문이다.

재외 동포 결의문
Overseas Koreans' Resolution

...... 정확히 100년전 오늘, 우리의 선현들께서는 자유와 정의와 민족 자결을 위하여 그 어디에서도 볼 수 없는 구국의 정신으로, 다름 아닌 오늘날의 우리를 위하고 진리를 위하고 최고의 이상을 위하여, 용감하게 당신들의 몸과 마음을 아낌없이 바쳤습니다. 그 어떠한 정치적인 치장도 논리도 완벽하게 거부한, 순수함 그대로의 운동이었습니다. 의로움 덩어리 그 자체의 행위였습니다. 개인의 어떠한 유익보다도 세계 만방 공동의 원칙과 인류의 평화와 조국의 미래를 우선한 이 실천적인 희생, 우리는 이것을 3.1. 운동이라 부릅니다.

세계 어디에 내놓아도 자랑스러운 우리의 할아버지, 할머니, 아버지, 어머니, 그리고 인생의 선배님들께서 만드신 이 거사 덕분에, 우리들은 현재 이 곳에 자유 및 자주 한국인으로 어엿하게 숨쉬며 살아 있습니다. 1919년 이후 100년이 지나는 동안 정치 경제 사회 문화 교육 과학 기술 예술 스포츠 등 전 세계의 전 방면에서 눈부신 활약을 하며 세인들의 인정과 존경을 받는 대한의 아들 딸들이 곳곳에 있습니다. 6.25 동란 직후, 전 세계에서 가장 가난했던 나라가 지금은 전 세계에서 가장 부유한 나라의 대열에 올라와 있습니다. 다른 이들의 동정과 동냥을 받았던 민족이, 이제는 다른 이들의 존경과 견제를 받게 되었습니다.

이것을 이룩하여 주심에, 이루 말할 수 없는 큰 감사를 선현님들께 드립니다.

그리고 그 동안 선배님들의 모습을 닮도록 노력해온 결과, 이제 어느 정도 만족스러운 위치에 올라 서 있다고 자부해봅니다. 그리고 그 동안 지치도록 많이 달려왔는데, 이 쯤이면 쉴 때가 되지 않았나 스스로 위안도 해 봅니다.

그러나 격동의 세계 정세 속에서 활약하고 있는 재외 국민, 재외 동포인 우리이기에 점점 더 혼탁해져가는 세상 앞에, 사방 팔방 둘러보아 물질적이든 정신적이든 피폐해져만 가는 현실 앞에, 그리고 이 세계를 선한 길로 인도하고자 하는 국가가 부재한 상황 앞에, 과연 얼마나 우리들이 3.1. 정신을 충실히 좇았는가를 돌아봅니다. 아울러 이제는 우리 민족에만 국한된 것이 아닌, 전 인류적으로 문제가 있음을 인정합니다.

...... 그리고 처절하고도 솔직하게 반성합니다. 국가 단위의 강권주의가 이제 개인 · 조직 단위의 기득권을 주장하는 차별주의로 둔갑하였고, 부단히 노력하여 쌓은 실력으로 각자 자기 분야의 권위자가 되기 보다는 아류의 수준에 머물면서도 권위주의만 내세우는 우리가 되었습니다. 스스로를 채찍질하고 서로를 격려하기보다, 일이 그릇되면 우선 남을 원망하고 탓하게 되었습니다. 겸손과 이해와 덕으로 형제자매 이웃을 세워주면 결국 모두가 함께 상승하는 것인데, 자기 자랑과 홍보에 급급하여 결국 냉소와 시기로 모두가 추락하는 시대가 되었습니다.

끈기와 진득함으로 한 우물만 파서 생수가 솟아나도록 하여야 할 것인데, 단기에 끝장보고 대박을 터뜨려야 하는 한탕주의자가 되었습니다. "나와 관련 없는 일이더라도 중요하지 않은 것은 아니다"의 정신으로 이타주의를 실천하여야 되는데, 좌충우돌 기회만 엿보는 이기적인 인간이 되었습니다. 그리고 자기와의 극기를 통한 승리보다는 남을 밟고 올라서며 깎아내려 패배토록 하기에 급급해졌습니다. 현실에 안주하고, 밥그릇 싸움에만 급급해하고, 사정이 어찌되었건 막판에 포장만 그럴싸하게 하면 만사형통이라 생각하며 살아왔습니다. 설상가상으로 이 모든 나쁜 품성에 그만 불감증마저 돋아, 핑계 이유 변명 구실 합리화만 그럴싸하게 내놓는 언변의 재주꾼이 되었습니다.

이에 크나큰, 깊디 깊은 용서를 빕니다. 기미 독립선언문에 주창한 바와 정 반대로, 도의의 시대가 가고 다시 위력의 시대가 온 듯 하오니, 이 세파를 돌이킬 힘과 지혜와 용기를 우리의 심중 깊은 곳에서 다시금 끄집어 내겠습니다. 자신을 순수하게 바친 선배님들의 정신을 이어받아, 자신을 순수하게 낮추고 형제 자매를 일으켜 세울 수 있는 진정한 애국자가 되겠습니다. 더 나아가 지구공동체의 환경과 비운의 악조건에 허덕이는 백성을 인도하는 자랑스러운 한민족이 되겠습니다.

...... 숭고한 우리의 선현들이 태극기를 휘날리며 평화롭게 독립을 외쳤던, 감격스러운 3.1 운동이 100주년인 역사적인 이 날, 과연 오늘의 우리들이 진정으로 자유와 정의와 진리, 그리고 정직과 공평을 추구하는, 세계 만방의 역할 모범인 한민족이 될 지에 대해서는, 사후의 우리의 후세들로부터 마땅히 증명 받아야만 할 것입니다.

2019년 3월 1일 금요일

...... 어느덧 104주년이 된 3.1절을 보내면서 이 만큼 숭고한 민족애와 조국애를 가지고 티 하나 없이 맑고 순수한 방법으로 순전한 독립을 위하여 희생을 선택한 분들이 과연 우리 역사상 몇 번이나 있었을까 생각해본다. 아일랜드에서 아일랜드 국민과 함께 공동 운명체가 되어 사는 재외 국민으로서 이 점을 우리가 그들에게 자랑스럽게 전달하고 오늘날에도 실천하도록 노력하여야 할 것이다.

10

유럽 국가 부채 위기를 조기 극복한 아일랜드, 아일랜드 국민, 그리고 아일랜드의 명문 트리니티 대학교(Trinity College Dublin)

…… 431년 전, 지구상의 반대편 두 곳에서 서로 다른 침략이 벌어진다. 하나는 고요한 아침의 우리나라 조선을 왜구들이 무력으로 침공한 것이고, 다른 하나는 영국이 아일랜드의 젊은이들을 교육시키고 이들을 아일랜드의 각 분야에서 자신들의 앞잡이로 만들기 위하여 더블린에 대학을 설립하는 것이었다.

모두 임진년(1592년)에 이루어진 사건들이었으며, 아일랜드에서는 영국 여왕 엘리자벳 1세를 창립자로 트리니 대학(Trinity College)이 더블린의 올 핼로우즈(All Hallows) 수도원의 터에 개교하였다. 현재까지도 옥스포드 대학교와 캠브리지 대학교와의 상호 학위 인정을 하는 트리니티 대학은, 엄밀히 따져 더블린 대학교(University of Dublin) 소속의 대학(칼리지, College)인데, 옥스포드(총 39개의 칼리지)와 캠브리지 대학교(총 31개의 칼리지)와는 달리 더블린 대학교 내의 소속 대학이 트리니티 대학 하나 밖에 없다보니 '더블린 트리니티 대학(Trinity College Dublin)'이라고 통상 부르게 되었다.

수 많은 인파와 자동차, 버스, 전차 등이 교차되는 더블린 시내의 한 복판에 위치한 트리니티 대학 캠퍼스의 정문에 들어서면 갑자기 정적이 흐르면서 자신이 학문의 터전에 들어 와 있음을 느낄 수 있다. 중앙에 제일 먼저 보이는 것이 우뚝 서 있는 캠퍼니일(Campanile) 종탑이다. 이 종탑과 주위의 건물들은 18세기 중반 경부터 지어졌으며, 가장 오래된 건물은 1700년에 지어진, 캠퍼니일 종탑 뒤편의 빨간 벽돌 건물 루브릭스(The Rubrics)이다. 루브릭스 건물은 강의실이나 연구실도 아닌, 트리니티 대학교의 은퇴하신 명예 교수님들의 숙소로 사용되고 있으며, 이는 전통적인 어른 공경 사상이 비단 우리의 유교 문화에만 있는 것이 아니라, 기독교 문화에도 얼마든지 내재되어 있음을 보여준다고 하겠다. 그러나 누가 실용주의의 서구 사회가 아니라 할 까봐, 명분만으로 노교수님들을 모시는 것은 아니다. 루브릭스에서 여생을 보내고자 결정하신 분들은 당연히 그간의 평생 소유 재산을 처분하고 들어오시는 것인만큼, 그 재산을 대학에 기증하시는 경우가 대부분이고, 이와 함께 대학교 미술관이 소장한 값진 여러 명화도 명예 교수님들께서 대학에 남겨주신 것들이라 한다.

종탑을 보고 있노라면 좌측과 우측 각각에 트리니티 대학교를 과거에 빛낸 분들의 모습이 보인다. 우측의 동상은 19세기 중반의 신학자와 역사가이자 작가인 윌리엄 렉키(William Lecky)로, 당시에 펜대 하나로 영국과 아일랜드의 위정자들을 신랄하게 비판하는 자신감이 엿보이는 자세로 좌정하고 있다. 반면 좌측의 동상은 19세기 말에 트리니티 대학교의 총장(프로보스트, Provost)을 역임하신 조지 새몬(George Salmon)으로, 앉아있는 자세를 비롯하여 얼굴 표정까지 그다지 편안한 모습이 아님을 볼 수 있다.

여성에게 정규 수학의 기회를 제공한 트리니티 대학

때는 19세기 말, 아일랜드의 대부분의 건장한 장정들은 100여년전에 시작된 산업 혁명 덕분에 그 경제가 활활 타오르고 있었던 영국의 광산과 공장의 노동자로 일하고 있었다. 그 결과, 아일랜드의 농촌 가정들은 여성들이 가업을 수행하는, 흡사 모계 사회와 같은 공동체를 구성하고 있었으며, 이로 인하여 여성도 대학 교육을 받아야 마땅하다는 의식이 아일랜드에 스며들기 시작하였고, 트리니티 대학교 역시 대학 답게 진보적인 사상을 가지고 이에 대한 깊은 검토를 시작하게 된다. 안타깝게도 이 때 총장 프로보스트로 재임 중이던 조지 새몬은 여대학생의 입학을 강력하게 반대하였고, 이 때문에 바로 길 건너에 위치한 당시의 아일랜드 의회의 의원들은 자신을 의원으로 뽑아준 각 지역구의 여성 투표자들로부터 왜 여성이 동등하게 교육을 받을 기회가 없는가를 집요하게 추궁을 받게 된다. 이들 의원 및 위정자들의 압력을 받은 조지 새몬 총장은 마지 못하여 마침내 1903년, 여성의 입학을 허락하게 된다. 이전에 자신의 주검을 넘기 전에는 ("over my dead body") 절대로 여성을 받아들이지 않겠다고 선언했던 새몬 총장은, 여성의 입학을 승인한 지 채 반년도 안되어 1904년에 심장 마비로 세상을 떠나게 되고, 트리니티에 들어온 최초의 여성 학생들은 결국 새몬의 예언 그대로 입학을 한 셈이다. 한 가지 참고할 사실은, 유럽의 남녀 공학 대학들은 1904년 당시에 이미 있었으나, 옥스포드 대학교는 1920년이 되어서야, 그리고 캠브리지 대학교는 1948년이 되어서야 여학생이 정식으로 학위를 수여 받게 되었다. 결국 새몬 총장 덕분에 트리니티 대학은 여성에게 정규 수학의 기회를 이 두 대학보다 선구자적으로 제공하는 대학교가 된 셈이다. 상기에서 언급한 새몬의 석상은 그가 여성의 대학교 입학을 허락하는 과정 중의 심적인 고통을 그렸다고들 한다.

이렇듯 이미 수백년 전부터 여성을 존중하던 아일랜드는 그간의 불평등했던 제도들을 다른 나라에 비해 먼저 고쳐가며 여성을 중용하는 나라로 발전하게 된다. 그 결과, 매리 로빈슨(Mary Robinson, 1990-1997)과 매리 맥알리스(Mary McAleese, 1997-2011) 두 국가 대통령과 린다 도일(Linda Doyle) 현 트리니티대 총장 등 훌륭한 정치가와 학자들이 리더쉽을 발휘하며, 그 훌륭한 맥을 아일랜드의 남녀 모두 실천적으로 이어가고 있다.

1990-2000년대의 "켈틱 호랑이 (Celtic Tiger)"로 불리기 이전에도 트리니티 대학교는 400여년의 학문 탐구 전통을 통하여 아일랜드의 최고 명문 대학은 물론 유럽의 엘리트 대학교로 인정을 받고 있었으며, 전통적으로 법학, 문학 그리고 인문학에서 명성을 날렸다. 꾸준한 연구 중심의 역사를 가진 덕분에 트리니티 대학은 이후 자연과학 분야에도 꽃을 피워, 의학, 수학, 면역학, 정보 과학, 나노 과학 등의 분야에서 출중하게 되고, 대학 랭킹이 유행하기 시작하는 2000년 부터 세계 50위권의 대학으로 인정을 받아 2009년에는 세계 43위의 대학교로 자리매김을 하게 되었다.

…… 그러다가 안타깝게도, 아일랜드의 경제도, 아일랜드의 국민의 삶도, 그리고 당연히 아일랜드의 대표적인 공적인 기관 중의 하나인 트리니티 대학도 2009-2010년의 유럽의 재정 위기를 맞아, 생존을 위한 벡터의 조정을 하지 않을 수 없었다.

유럽의 국가 부채 위기 앞에 선 아일랜드

2009-2010년의 유럽의 재정 위기를 간략하게 설명한다는 것 자체가 무리가 되겠으나, 대략적으로 다음과 같다. 2007-2008년 미국의 서브

프라임 모기지 사태(subprime mortgage crisis)로 인하여 미국에서 4번째로 컸던 투자은행 리먼 브러더스(Lehman Brothers)가 파산하고 전 세계적으로 금융위기가 오자, 세계 은행들의 대출이 얼어붙기 시작하였고, 특히 금리가 낮을 때에 마스트리히트 조약(Maastricht Treaty)의 약속을 지키지 않고 국채를 과다하게 발행한 EU 국가들이 자신들의 만기를 메꿀 방법이 없어지게 되었다. 이 중의 가장 큰 문제를 일으킨 국가들은 묶어서 PIGS(포르투갈, 아일랜드, 그리스, 그리고 스페인)라 불렸으며, 당시 아일랜드는 미국과 비슷하게 주택 시장이 붕괴되고 무제한 집담보 대출을 해주던 은행들이 도산 직전이 되었다.

아일랜드 정부는 이의 긴급 대처로, 2008년 9월, EU 국가 재정 역사상 참으로 용감한 (또는 많은 경제 전문가들이 판단하건대 참으로 어리석은) 결정을 내리게 되는데, 아일랜드 자국 은행들의 모든 예금과 부채에 대해 정부가 보증을 서 주겠다고 발표하였다. 이로 인하여 GDP 대비 국가 부채가 밤새 90%로 껑충 뛰고, 급기야 2012년에는 120%까지 오르게 되었다. 아울러 재정 적자가 GDP 대비 30%에 다다라, 마스트리히트 조약의 기준치인 3%의 10배가 되는 경제 위기를 맞게 되었다.

은행을 살렸지만 이제는 국가 경제와 정부를 살려야 할 필요가 생김에 따라, 아일랜드는 2010년 11월에 정식으로 EU와 IMF에 구제 금융을 신청하게 되었다. 이에 아일랜드 뿐만 아니라 PIGS 등의 국가들을 지원하기 위하여 신설되었던 유럽 재정 안정 기금(EFSF, European Financial

Stability Facility), 그리고 IMF등은 곧 아일랜드에게 682억 유로를 지원하게 된다. (참고로 그리스는 3,019억 유로, 포르투갈은 768억 유로, 그리고 스페인은 413억 유로를 받는다.)

아울러, 흡사 1997년의 우리나라가 IMF에 구제 금융을 받은 경우처럼, 유럽 중앙 은행(ECB)과 IMF는 아일랜드에 혹독한 재정 감축을 요구하여, 공공 섹터의 감봉 감원 등의 구조 조정, 최저 임금 삭감, 소비세 인상, 그리고 소득세와는 별도로 모든 소득자에게 보편적 사회 요금(USC, Universal Social Charge)이라는 임시 누진세의 부과 등을 시행하도록 하였다. 한 가지 주목할 것이 있다면, 아일랜드 정부는 그 누가 요구하더라도, 12.5%의 법인세는 절대로 타협하지 않고 그대로 유지시켰던 것이다.

쉽게 말해, 아일랜드는 민간 부문의 부채를 정부가 떠 안기로 결정을 하였고, 이로 인한 국가의 재정 위기는 국민이 책임지게 되었던 것이다. 이전 〈더블린 서신〉에서 간간히 보셨던 바와 같이, 아일랜드 국민은 이런 식으로, 공동 운명체적인 결정을 자의반 타의반 내리는 경우가 종종 있는데, 항상 전화위복의 긍정적인 스토리로 귀결되는 것이 신기할 뿐이다.

아일랜드 국민이 이끈 위기의 극복

2008-2010년 사이의 정부의 긴축 재정으로 허리 띠를 졸라맨 아일랜드 국민은 이후 5년간 뼈와 살을 깎는 어려운 기간을 보낸다. 2010-2013 연평균 실업률이 13%를 웃돌았고, 자영업 중 서비스 업계가 붕괴되고, 일자리를 찾지 못하는 아일랜드 국민은 흡사 160년전의 감자기근 당시처럼 해외로 이민가게 되어 전체 인구의 약 10%인 50만 정도의 감소를 보게 된다. 길거리에는 노숙자들이 급증하였으며, 과잉평가된 자산 버블이 터짐에 따라 자기 집 값이 3분의 1로 추락하고 대졸 젊은이들의 안정적인 직장 구하기가 하늘에 별 따기처럼 어려웠다. 자유 시장 경제 체제하에서 겪는 구조 조정의 일반적인 경우와 마찬가지로 공공 부문, 민간 부문에서 일자리를 잃은 사람들이 새롭게 뜨는 유망 분야로 전환하기 위하여 대학에 다시 입학하기도 했다. 이러한 실정을 필자도 트리니티 대학에서 직접 보게 되었는데, 30-40대 만학도들이 대학에 다시 들어와서 10대 후반 20대 초반의 학생들보다도 열심히 공부하고 실험 실습에 임하며 집요하게 질문하는 모습을 보고 감동한 적이 한두번이 아니었다.

이렇듯 과열된 자본 유입과 건설 경기로 인하여 금융 부문이 사실 책임져야 할 문제 때문에, 다시 말해 국민 개개인의 잘못이 절대 없었음에도 불구하고, 눈물겨운 약 10년의 잃어버린 세월을 공동 운명체적인 혼신으로 보낸 아일랜드는, 한 때는 PIGS 국가 중의 하나로 간주되었으나 남 유럽의 국가들과는 달리 재정 건전화와 구조 조정에 성공하고 만다. 고용 보호 수준이 하락하고 임금 수준이 감소하여 불평등이 증가됨에도 불구하고, 국민적인 공감대 형성과 "모든 이해 당사자들(stakcholders)의 적극적이고 구체적인 희생과 양보를 통한 상생"을 구하는 노사 합의 덕분에 2008년 서유럽에서 단위 노동 비용(ULC; Unit Labor Costs)이 가장 높았던 아일랜드가 어느덧 2015년에는 독일보다도 낮아져, 경제 위기 이후 10년 사이에 단위 노동 비용이 가장 많이 하락한 EU 국가가 되었다. 우리나라처럼 수출 지향적이고 지식 경제를 바탕으로 하는 아일랜드이다 보니 내적 절하(internal devaluation)를 통한 생산성이 증가하고 경쟁력이 회복되었으며, 아울러 노동 시장과 상품 시장의 유연성 덕분에 2016년에는 이미 EU 의 평균 실업률 이하를 기록하였고, 2018년에는 실업률 5%로 경제 위기 이전의 상황으로 복귀되었다.

다른 나라들로 부터 쉬운 타겟으로 계속 지적 받아 왔던 재정 수지면에서도 아일랜드는 경제 위기 초창기의 피를 말리는 재정 건전화 정책과 긴축 재정으로 세출을 줄여, GDP 대비 30%이었던 재정 적자는 2014년에는 상상도 못했을 법한 흑자로 돌아섰다. 아울러 2012년에 120%이었던 GDP 대비 국가 채무가 2019년에는 58.8%로 감소하여, 마스트리히트 조약의 기준치에 합격하였을 뿐만 아니라 독일의 59.8% 보다도 낮은 채무를 지게 되었다. 더우기 경제 위기 기간 이후의 경제 성장률 회복은 1990년대의 고도 성장 만큼이나 놀랍다. 2014년 부터 2020년 까지의 아일랜드의 GDP 연평균 성장률은 약 12%를 보이고 있으며 2015년에는 OECD 국가 중에서 가장 높은 26.2% (다국적 기업의 기여를 제외시킨 GNI로 따지더라도 11.9%이며, 이 역시 OECD 중에서도 가장 높음)를 기록하였다. 뿐만 아니라 그 동안 떠났던 백성들이 다시 돌아오고 호전된 경제로 새로운 이민이 들어와서 현재 인구는 5백만을 넘어서게 되었다.

이 모든 노력으로 아일랜드는 2012년 7월 성공적인 장기 국채 발행을 통하여 국제 금융 시장에 복귀하였으며 2013년 12월에는 그 동안 받았던 모든 구제 금융을 상환하여 유로존(Eurozone) 국가 중에서 최초로 구제 금융을 졸업(종료)하였다. 그리고 그 덕분에 (아일랜드 국민의 눈물나는 환란 극복을 인정하기 보다는 EU와 특히 독일의 경제 회생 극약 처방을 자축하는 의미에서) "베를린과 브뤼셀의 역작 (Poster Child)"으로 홍보되고, 아일랜드와 함께 뼈를 깎는 개혁을 진행 중이던 남 유럽 등의 다른 국가에게 "긴축 정책의 모범생(model pupil)"으로 지칭 받기까지 하였다. 실로 아일랜드는 이를 계기로 19세기 중반의 감자 기근에서 벗어난 나라로서 어떠한 역경도 극복할 수 있는 와신상담(臥薪嘗膽) 절치부심(切齒腐心)의 민족성을 보유하고 있음을 한 번 더 전 세계에 보여주게 되었다.

재정 위기 중의 트리니티 대학교

많은 사람들로부터 트리니티 대학교가 국립 대학 또는 사립 대학인지 종종 질문을 받게된다. 학교 설립의 차원에서 엄격히 따지면 역사적으로 왕립(王立) 대학교이고, 학교 재원 및 운영면에 있어서는 트리니티 대학교 뿐만 아니라 아일랜드의 대부분의 대학교, 아니 유럽의 대부분의 대학들은 모두 국가 또는 지방 자치의 재정적인 지원에 의존하여 운영되는 공공 기관으로 여기는 것이 맞을 것이다. 다시 말해, 국민 모두에게 대학 교육의 기회를 준다는 유럽의 일반적인 정서 때문에 (우리나라, 일본, 미국 등과는 달리) 학생들의 수업료와 등록금, 그리고 사적 기금 가지고는 온전한 운영이 불가능하다고 판단하여, 정부에서 각 대학교의 학생수, 사회 공헌도, 연구 개발 기여 등을 감안하여 대학 지원금을 국가 예산에 반영한다. 아일랜드의 회계연도 2023년 경우, 교육 관련 예산이 아일랜드 전체 예산의 11.1% 정도이며, 이 중 3분의 1이 대학교의 학생, 교직원, 인프라의 지원으로 (연구 개발 혁신 지원은 별도) 사용된다.

학생수가 20,000 여명 (이 중 3분의 1이 대학원생), 교직원이 4600여명 (이 중 5분의 1이 교수)인 트리니티 대학교는 총 턴오버(turnover)가 4억 유로 정도로, 이 중 40% 만이 정부의 직접적인 지원으로 이루어진다. 상기의 2008-2010년의 경제 위기 당시의 긴축 재정 때문에 대폭 감소된 지원이 바로 이 부분으로, 경제 위기 이전에는 대학 전체 예산의

80%이었던 정부 지원이 이제는 반 정도 밖에 되지 않는 실정이다.

본디 긴축 재정 하에서는 국민을 위한 보건 의료 복지, 그리고 교육이 최우선 순위이고 대학과 공공 기관 등의 연구 개발 혁신은 어쩔 수 없이 뒤로 밀리는 법이다. 따라서 대학의 재정 지원 감소는 안타깝게도 트리니티를 비롯한 아일랜드 대학교들의 연구 개발 지원의 감소를 의미하였고, 이 부족분이 세계 대학 랭킹에 바로 반영되었다. 2009년 세계 43위의 대학교로 자리매김을 한 트리니티 대학교는 그 후 세계 순위가 미끄러지기 시작하여 QS 랭킹으로는 2011년에는 65위, 2015년에는 71위, 2018년에는 88위, 2020년에는 108위, 그러다가 다행히 2022년에는 그 회복을 시작하여 101위를 기록하고 있다. 여기서 증명받는 것이 있다면 우선 한 국가 경제의 건강 상태와 그 나라 대학들의 세계 기술 선도력이 (약 3-5년의 시간차가 있으나) 반드시 함께 동반된다는 것이며, 요사이의 대학 순위 매김이 고도로 발달되어 이제는 과거의 전통과 명성만으로는 세계 랭킹에서 버틸 수 없다는 것이라 하겠다. 트리니티 대학의 경우 이의 회복을 위하여 대학교 내에 수 많은 새 프로그램들이 펼쳐졌으며, 중요한 점이라면 더 이상의 형식적이고 정형적인 단순 '과제' 시스템에서 벗어나, 효율을 중시하며 가장 실질적이고 영양가 있는 활동으로 이어지도록 격려하고 있다는 것이다. 한 가지 흔히 오해하는 부분이 있다면, 아일랜드 등의 작은 나라에서는 기초 보다는 응용 연구만 선호하고 지원한다는 것이다. 그러나 실상의 연구 개발 지원은 우선 학문적으로 그 탁월함(excellence)이 객관적으로 증명되는 연구 과제를 지원하되, 그 다음에 경제와 사회에의 영향(impact)을 고려하는 방식으로 운영하고 있고, 바로 그 철학 덕분에 트리니티 대학교가 10여 학문 분야에서 여전히 세계 수위를 유지하고 있다고 봐야할 것이다.

아일랜드의 최고가는 정신 문화 유산, 켈즈 사본(Book of Kells)

객관적인 탁월함과 사회에의 영향 이야기가 나왔으니, 트리니티 대학교에 소장된 켈즈 사본(Book of Kells)을 언급하지 않을 수 없다. 우리나라에서 문화유산을 지정하고 관리하는 국보 제도가 아일랜드에 똑같이 있는 것은 아니나, 만약 우리나라의 국보 제 1호가 서울 숭례문이면 아일랜드의 제1호는 켈즈 사본이라 하여야 할 것이다. 1200여 년전 (AD 800년 경), 스코틀랜드의 아이오나(Iona) 섬에 위치한 수도원에 아이리쉬 수사들이 많았는데, 이들이 구도자의 자세로 자신의 신앙의 완성에 다다르기 위한 수단으로 성경을 직접 손으로 필사하게 된다.

"세계에서 가장 아름다운 책 10권"에 꼽히는 켈즈 사본은 송아지 가죽(vellum)에 수사들이 직접 신약 성경의 4 복음 - 마태, 마가, 누가, 그리고 요한 복음 - 을 필사한 (요사이의 책 출판 양식으로 설명하자면) 초호화 컬러판 양장본으로, 필사 및 일러스트레이션 작업에 혼신을 다한 정성과 예술성의 극치를 보여주는 아일랜드의 정신 문화 유산이다. 과거에 이웃 나라는 물론 멀리 다른 나라들을 침략하고 지배했던 유럽 국가 (예를 들면 영국, 프랑스, 이탈리아, 오스트리아, 독일, 스페인 등)의 큰 도시에서는 그들 각각의 찬란한 물질 문화 유산, 즉 오래된 성, 요새, 신전, 성당, 기념탑, 공원 등을 흔히 접할 수 있다. 그러나 영국의 식민지로 오래 존재해왔던 아일랜드에서는 (그리고 어찌 보면 거대 스케일로 눈에 띄는 것을 만들기 보다는 종교적이고 지적인 문화를 선호하는 우리나라에서도) 정신 문화 유산이 도리어 존중을 더 받는다고 할 수 있는데, 아일랜드의 켈즈 사본의 국민 정서상의 위치는 우리나라에서 훈민정음이나 팔만대장경을 국보 1호로 삼는 것과 동일하다고 봐야 할 것이다.

켈즈 사본은 약 4-5명의 필사가(scribe), 그리고 3-4명의 화가들이 약 185 마리의 송아지 가죽으로 된 지면에 각자의 자유로운 예술적 표현으로 혼신을 다하여 만든 것으로 분석된다. 라틴어로 쓰여진 텍스트 부분은 각 필사가가 자신의 스타일, 자신의 선호하는 색깔을 사용하며 성경 내용을 정성껏 써 갔으며, 중간 중간 있는 비어 있는 페이지 공간 전체의 일러스트를 담당하는 화가들은 전통적인 아이리쉬 문양과 무늬를 섞어 넣으며 이루 말할 수 없는 정교함과 디테일(details) 뿐만 아니라 살아 움직이는 붓획마다 번득이는 재치까지도 볼 수 있을 정도이다. 전시용의 실물을 직접 보더라도 불가능하게만 보이는 작은 그림과 채색이 빽빽이 들어 찬 화보들은, 그 당시에 돋보기가 있었다는 것을 인정하더라도 화가들이 직접 손을 대기 전에 얼마나 많은 사전 구상과 계획이 필요했는지를 바로 느끼게끔 한다.

그 당시 매 년 아이오나 섬에 찾아오는 것이 있었으니 찬란한 봄 햇살도 아니요 곡식이 무르익도록 도와주는 따뜻한 여름도 아닌, 스칸디나비아 지역에서 배 타고 오는 바이킹 도적들이었다. 강도와 강간과 약탈과 살인을 서슴없이 자행한 이들은, 아이오나 섬의 수도원에 방화를 지르는 횟수가 하도 많아, 결국 아이오나 수도원에서는 정성들여 제작하였던 사본을 보존하기 위하여 그들의 아일랜드 현지 파송교회인 아일랜드 켈즈 지역의 수도원으로 피신을 보내게 되었다. 그러나 거기에서 6백여년 이상 보관되면서 여전히 바이킹 도적들로 부터 정기적으로 위협을 받으며 심지어는 도난까지 당하고, 켈즈 수도원의 화재 마저도 견디는 수난을 겪게 되었다. 이것을 보다 못해 이 지역의 교구장이자 트리니티 대학교의 부총장을 겸직하고 있었던 헨리 존스(Henry Jones) 주교의 제안으로 켈즈 사본은 1661년에 트리니티 대학교의 현재의 안전한 위치로 옮겨지고, 오늘에 이르러 매년 80만 명의 관광객이 이 신비의 명품을 관람하고 있다.

성경 구절 "무슨 일을 하든지 마음을 다하여 주께 하듯하고 사람에게 하듯하지 말라."를 숙지하며 켈즈 사본을 제작하고 있었던 수사들은 이 책을 쓰는 데에 있어서 개인적인 열심은 물론 비용도 아끼지 않았다. 글씨를 쓰고 화보를 그리는 데에 사용되는 재료들이 대부분 식물 또는 광물 유래의 염료였는데 보라, 라일락, 빨강, 분홍, 녹색, 그리고 노랑 등의 총천연색이 모두 사용되었으며 한가지 가설로 멀리 아프가니스탄 지역에서만 입수할 수 있는 라피스 라줄리(lapis lazuli)라 하는 군청색도 사용되었다고 한다. 흥미롭게도 당시의 염료들은 천연물로부터 직접 추출되었기 때문에 19세기 인상파 화가들이 배합하며 사용했던 화학물감과는 달리 자외선으로 부터 산화되거나 변색되는 일이 없어서 1200여년이 되도록 원래의 강렬한 색채를 그대로 유지하고 있다는 것이다.

불굴의 켈틱 호랑이(Celtic Tiger)

이렇듯 아일랜드는 일도 많고 탈도 많고 악연도 많고 불행도 많음에도 불구하고, 넘어지고 깨어지고 고꾸라지더라도 불굴의 의지와 끈질긴 생명력으로 2000 여년의 모든 환란을 극복하였다. 19세기 중반의 감자 기근 때문에 백만명이 아사하고 백만명이 해외로 건너갔음에도 불구하고 그 때 살아남은 백성들은 나라를 재건하고 그 후손들이 해외투자를 유치하여 명목상 GDP 세계 2위의 나라, 아니 조금 더 실질적인 일인당 국민 총소득(GNI, Gross National Income) 통계로 비교하더라도 세계 5위의 나라를 이룩하였다. 그리고 800년 동안 영국에게 주권을 빼앗겨 수 많은 항쟁을 하고, 불과 25년 전 까지만 해도 북아일랜드에서는 아직 서로 폭탄 테러를 자행하고 있었던 상황이었지만, 이제는 아일랜드 공화국과 북아일랜드가 모든 무기를 내려놓고 국민 투표를 통하여 성금요일 협정(Good Friday Agreement)을 체결하고 평화와 번영을 누리고 있는 아일랜드 민족이 되었다. 설상가상으로 불과 15년전에 국가 부채 위기를 당하였음에도 불구하고 국민 모두가 개인의 유익을 버려가며 경제를 살려 다른 어떤 나라 보다 구제 금융에서 가장 먼저 졸업하여 “유럽의 실리콘 밸리” 이야기를 듣고 있는 아일랜드이다.

헤아릴 수 없는 수 많은 슬픔과 기쁨의 교차를 산문으로 싯구로 들려 주는 탁월한 문인들 덕분에 4번의 노벨 문학상을 받은 나라인 아일랜드이다. 아울러 동일한 기쁨과 슬픔의 교차를 노래가락에 실어 읊어주는 멋진 음악가들 덕분에 유럽에서 가장 많은 (7번) 유로비젼 송 콘테스트(Eurovision Song Contest) 우승자를 배출한 아일랜드이다.

…… 뜻하지 않고 예기치 못하고 원하지 않았던 수 많은 국가적인 환란을 수 없이 극복하여, 좀 여위기는 하였으나 이제는 지방질보다는 근육질이 붙은 21세기의 켈틱 타이거(Celtic Tiger) 아일랜드의 맹활약, 유럽은 물론 전 세계가 주목할 필요가 분명 있을 것이다. 그 날을 기대하며 기네스 맥주 한 파인트나 음미할까.

3부

여운기 전 주아일랜드 대사님과의 인터뷰

최저 법인세로 도약 이룬 아일랜드…
"성장 가능성 주목해야"

2023년 02월 22일

"감자농사 빈국 여겨지던 아일랜드 다시 볼 필요"
"한 · 아일랜드 수교 40년 맞는 올해 교역 · 교류 성장"
- 아일랜드 대사 지낸 여운기 한 · 아프리카재단 이사장 -

[서울=뉴스핌] 이영종 통일전문기자 = "아일랜드는 기회의 땅이자 우리에게는 유럽으로 향하는 관문이 될 수 있습니다. 특히 청년세대들에겐 도전해 볼만한 매력적인 나라입니다."

여운기(63) 전 아일랜드 대사는 21일 뉴스핌과의 인터뷰에서 "수도 더블린 등에 몰려있는 애플과 구글, 메타(페이스북) 등 굴지의 글로벌 기업과 IT · 바이오를 비롯한 첨단 분야의 젊은 인재들이 아일랜드의 미래를 보여준다"며 이같이 말했다.

한 · 아프리카재단 이사장을 맡고 있는 여 전 대사는 서울 서초동 외교타운 이사장 집무실에서 가진 인터뷰에서 "아일랜드가 1인당

GDP(국내 총생산)에서 세계 2위라는 얘기를 하면 깜짝 놀라는 분들이 적지 않다"며 "부동산과 물가 상승 등 일부 문제가 있지만 GDP 성장이 보여주는 아일랜드의 잠재력과 성장가능성은 주목할 만하다"고 강조했다.

뉴스핌이 창간 20주년 특별기획으로 마련한 아일랜드 연재 기사를 꼼꼼히 접하고 있다는 여 전 대사는 "한때 '감자 농사나 짓는' 빈국으로 인식되던 아일랜드를 우리 국민들이 새롭게 보는 계기가 되고 있어 무척 관심이 간다"고 밝혔다.

여 전 대사는 "1933년 10월 부산항을 통해 한국에 도착한 아일랜드의 성골롬반 선교회는 뒷골목을 찾아 병자와 고아 등을 돕고 근대화의 그늘에서 소외된 사람들과 함께 했다"면서 "식민재배를 당했던 고통을 공유하고 있고 짧은 시간 동안 경제 도약을 이룬 경험도 유사한 한·아일랜드는 점점 가까운 이웃으로 자리하고 있다"고 말했다.

또 "한·아일랜드 수교 40주년을 맞는 올해 양국관계가 새로운 발전을 모색하는 좋은 계기가 될 것"이라고 덧붙였다.

외무고시 24회로 외교관 생활을 시작한 여 전 대사는 2018년 6월부터 2년 간 아일랜드 주재 한국대사를 지냈다. 다음은 인터뷰 주요 내용.

대사로 재직하면서 가장 관심을 기울인 건 어떤 부분이셨는가요.

“첫째는 한류 콘텐츠의 확산과 관련한 대목이었습니다. 우리 K-팝이나 드라마 같은 우수한 한국의 콘텐츠가 아일랜드의 젊은이들과 국민 사이에 더 많이 알려질 수 있게 하는 데 관심을 기울였지요. 둘째는 고용 창출이었는데, 워킹홀리데이 프로그램이 우리 청년 · 대학생들에게 인기를 끌고 있어 기존보다 크게 확대하고 활성화시킨 게 보람 있었습니다. 셋째는 해외 한국 유학생이나 한인 인재가 애플, 구글, 메타 등 아일랜드의 글로벌 IT기업 등에 많이 일하고 있었는데 그들을 한자리에 모아 네트워크를 형성할 수 있도록 지원했던 게 인상에 남습니다.”

아일랜드에 관심을 갖고 있는 우리 청년 세대들에게 어떤 조언을 해주실 수 있겠는지요.

“웅대한 꿈을 키울 수 있는 대자연의 아름다움을 접할 수 있습니다. 다른 외국의 경우 인종차별 등의 어려움이 있는데 거의 느끼지 않을 정도인 점도 장점이라 할 수 있지요. IT나 바이오 분야의 글로벌 기업들이 많이 유치돼 있기 때문에 취업을 위한 여건도 좋은 편이죠. 특히 저는 우리 젊은이들이 아일랜드의 항공리스산업 관련 학과에서 공부해보면 좋을 것이란 권고를 드리고 싶습니다. 아일랜드가 세계 최초로 항공 리스산업을 시작한 곳이고 지금은 리스가 항공업계에는 비지니스 모델이 되었지요. 한국과 아일랜드가 정서적이나 감성적 측면에서 많은 공통점이나 공유할 요소가 있다는 점은 살아보면 느낄 수 있는 또 다른 매력이라 할 수 있습니다."

한국과 아일랜드가 정서적으로 공유할 수 있는 점이 많다고 하는데, 어떤 측면에서 그런 말이 나오는 것인지요.

"오랜 세월 외세의 침입과 지배를 받아 온 아일랜드의 역사에 우리가 공감하고 함께 할 부분이 많습니다. 적지 않은 수탈도 당했지요. 그래서 한(恨)이랄까 하는 게 우리 국악과 아이리시 음악에 녹아있습니다. 우리가 아이랜드 음악에 끌리는 것도 그런 이유라 할 수 있죠. 아이랜드의 펍 문화도 마찬가지입니다."

한 · 아일랜드 간 경제와 교역은 어떻게 진행이 되고 있습니까.

"아일랜드의 상품이 주로 영국이나 다른 유럽연합(EU) 국가를 통해 한국으로 수출되는 측면이 있다보니 생각보다 외형면에서 규모가 크지 않은 것처럼 보입니다. 우리 기업들이 아일랜드 기업에 아직 많이 진출하지 않고 있는 것도 사실입니다. 아일랜드의 경우 인구 500만명으로 시장이 작다는 생각에 사업을 꺼리는 경향이 있고, 한국이 아일랜드 시장에서 팔릴 물건을 잘 떠올리지 못하는 문제도 있습니다. 하지만 아일랜드를 통해 영국과 다른 EU 국가, 나아가 아프리카까지 진출할 수 있을 것 같습니다. 기업환경이 좋은데다 법인세율이 파격적으로 낮아 매력적으로 받아들여질 겁니다. 아일랜드 정부가 외국기업 유치에 열심이기 때문에 관심을 갖고 접근하다면 좋은 결과가 있을 것으로 생각합니다."

아일랜드산 소고기 수입 문제가 이슈로 되고 있고, 이제 통관을 위한 마지막 절차를 밟고 있는 것으로 알고 있습니다.

"제가 대사로 재직하던 시기에도 아일랜드 소고기 수입 문제를 EU측과 논의했습니다. 프랑스와 덴마크 등도 관심이 있었는데 아일랜드가 적극적이었습니다. EU집행위원회에 아일랜드의 입김이 센 편이라 활발한 논의가 이뤄졌던 것으로 기억합니다. 아일랜드 입장에서 소고기 뿐 아니라 농축산물 수출이 관심사 중 하나입니다. 주한 대사관 측도 상당한 관심을 기울이고 있는 것으로 압니다. 현재 수입 재개를 위한 협상이나 절차가 마무리 단계인 것으로 전해 듣고 있습니다."

아일랜드 국민 1인당 GDP가 세계 2위라는 사실이 뉴스핌 기획을 통해 보도되면서 많은 분들이 뜻밖으로 받아들이고 아일랜드를 다시 바라보고 있습니다. 어떻게 평가를 하고 계신지요.

"양지와 음지가 다 있다고 봅니다. 국제적인 기업들에서 고액 연봉을 받으며 다니는 사람들이 많고 IT · 바이오 등 분야에 약 30만개의 일자리가 있다고 합니다. 전체적 소득을 확 끌어올리는 효과가 있어 GDP가 높게 나타나는 것일 수 있습니다. 고액 연봉자들이 몰리면서 부동산이 뛰어오르고 렌트비가 매우 높게 나타나 일반 서민들은 주거환경이 나빠지는 문제가 발생하고 있습니다. 하지만 긍정적 요인에 더 주목할 필요가 있습니다."

글로벌 최저 법인세율이란 장점이 없어지면 아일랜드 경제의 거품이 걷히고 어려움에 처할 것이란 지적도 나옵니다.

"큰 영향을 받지는 않을 것이라 생각합니다. 현 12.5%에서 15%로 법인세를 인상한다고 해도 상대적으로 낮은 세율이고, 기업들이 아일랜드에 들어오는 게 법인세율 때문만은 아니기 때문입니다. 동유럽의 한 국가는 세율만 놓고 보면 아일랜드 보다 낮은 측면도 있지만 그 곳으로 몰리지는 않습니다. 아일랜드만의 메리트가 따로 있다는 얘기입니다."

어떤 장점을 들 수 있을까요.

"영국의 탈퇴로 EU국가 중 아일랜드가 유일한 영어 사용국이란 게 가장 큰 이점일 수 있습니다. 여기에다 교육이 잘 된 청년들이 많습니다. 트리니티 대학은 과거 영국의 식민 통치시절 옥스퍼드와 캠브리지와 함께 3대 명문대학이었습니다. 당시 더블린은 런던 다음으로 큰 도시였습니다. 영국도 아일랜드에 상당한 비중을 두고 통치했다고 볼 수 있습니다."

영국에 대한 아일랜드 국민들의 감정이나 관계는 어떻습니까.

"2003년 세워진 높이 120m의 더블린 첨탑(Spire of Dublin)은 아일랜드의 1인당 GDP가 영국을 추월한 걸 기념하기 위해서 만들어졌습니다. 그 상징물이 아일랜드의 자부심을 드높이는 계기로 삼은 것은 맞습니다. 자신들을 지배한 종주국이라 할 영국을 앞질렀다는 상징하는 바가 크다고 할 수 있었겠지요. 영국에 대한 그런 정서가 있는 건 분명하지만 우리의 반일감정과는 다른 차원이라 할 수 있습니다. 700~800년을 같이 살았으니까 결혼도 하고 서로 섞여있고, 영국인의 25~30%가 아이리시라는 통계도 있습니다. 우리처럼 타민족이거나 남이라고 생각하기 보다는 생각보다 가깝다고 여기는 것 같습니다. 과거는 과거이고 서로 원수지고 척

질일은 없다는 생각이 강해보입니다. 서로의 라이벌 감정은 주로 스포츠를 통해 나타납니다. 바람직하다고 할 수 있죠."

현 46대 미국 대통령 조 바이든을 비롯해 24명 가량이 아일랜드계라는 조사 결과가 있을 정도로 미국 조야에 많은 사람들이 활동하고 있습니다. 이런 점이 아이랜드 정치에 대한 미국의 지지나 후원을 강하게 하고 있는 것으로 볼 수 있겠습니까.

"선거철 되면 미국에 있는 3500만명의 아이리시들이 움직입니다. 아일랜드 출신 인사들이 미국의 정치계와 경제계를 잡고 있기 때문에 보이지 않는 영향력을 행사하고 있다고 봐야 합니다. 드러나지는 않지만 미국의 아일랜드에 대한 우호적인 입장이나 정책도 여기에 기인한다고 볼 수 있습니다. 아일랜드에 투자하는 기업들도 많지요."

대사 재임 때인 2018년 아일랜드 고교 1학년 과정에 한국어 시범 수업이 이뤄지도록 노력하신 점도 흥미로운데요. 어떻게 성사된 것인지요.

"한국 문화를 외국에 널리 알린다는 측면에서 한글과 전통 의상 등을 소개 했는데 아일랜드 학생들이 좋은 반응을 보였습니다. 학생들의 수업시간을 통해 이런 걸 널리 알리는 작업을 했고, 주말에도 K-팝이나 문화에 관심이 있어 한글학교에 찾아오는 사람들을 위해 성인반을 만들고 한국어 교육을 시키면 좋겠다고 해서 강좌를 개설했던 기억이 납니다."

그 과정에서 한류가 많은 도움이 됐겠다는 생각이 듭니다.

"물론입니다. 매년 우리가 현지에서 K-팝 콘서트를 여는데 해마다 참가자가 많이 늘어납니다. 제가 대사로 있을 때 대학 원형극장과 강당을 빌려 행사를 치렀던 적도 있습니다. 아일랜드 팀이 2019년 경남 창원에서 열린 'K팝 월드 페스티벌'에서 소녀시대의 노래로 대상을 탄 일도 있었습니다."

아일랜드의 평화 프로세스를 보시면서 한국이 교훈 삼거나 모델로 참고할 만한 요소는 어떤 것이 있다고 보시는지요.

"영국과 북아일랜드, 아일랜드가 1998년 4월 10일 북아일랜드 벨파스트에서 평화 프로세스를 약속하면서 협정을 맺었습니다. 그 날이 부활절 이틀 전인 성(聖)금요일이라 굿프라이데이 협정(Good Friday Agreement)이라 부르기도 합니다. 이후에도 서로 신

뢰할 수 없는 대목이 남아있었죠. 끈질긴 협상과 설득 끝에 2009년 5월 결국 무장해제에 이르게 됩니다. 지난한 협상과 설득의 결과라 볼 수 있습니다."

우리 남북관계에서도 시사 하는 점이 많겠다는 생각이 듭니다.

"결국 무력으로 해서는 해결될 게 아니라는 점을 아일랜드의 평화 프로세스는 보여줍니다. 양쪽이 서로 느낀 겁니다. 강압적인 통치도 한계가 있고 테러를 통한 저항도 문제가 따른다는 걸 인식한 것입니다. 윤석열 정부의 담대한 구상 등 대북정책에 이를 접목시켜 보면, 우리가 강력한 억제력은 담보하되 한쪽으로는 계속 손을 내밀고 대화의 물꼬를 터나가야 하지 않을까 하는 생각이 듭니다. 한 가지 안타까운 건 중국의 존재입니다. 우리의 대북정책은 중국을 어떻게 설득하느냐의 문제가 아닐까 하는 생각을 합니다. 중국이 느끼기에 남북이 분단된 게 아니라 서로 합치는 게 그들의 이익에 보탬이 된다고 판단되면 중국이 먼저 나서서 남북한에게 통일하라고 재촉할 것이라고 봅니다."

'아일랜드인은 떠나기 위해 태어난다'는 말이 있을 정도로 이민사가 한 역사로 되고 있습니다.

"더블린에 있는 아일랜드 이민사박물관을 보면서 참 인상 깊었습니다. 모든 자료를 디지털화해서 영상으로, 첨단 다바이스로 역사를 되돌아 보며 미래를 조망하는 장소로 만들었죠. 우리도 재외국민과 관련한 이민사 또는 해외진출 역사박물관을 세웠으면 좋겠습니다."

오는 10월이면 한 · 아일랜드 수교 40주년을 맞이합니다. 그동안의 과정을 지켜보시면서 양국관계가 어떻게 발전해 나가야 한다고 생각하시는지요.

"아일랜드가 우리의 빈민구제나 의료 · 보건 등에 큰 도움을 주었습니다. 성골롬반 선교회 소속 신부님과 수녀님들이 한국에 오셔서 뒷골목을 살피면서 병자와 고아 등을 돌봤습니다. 근대화 과정에서의 그늘을 그 분들이 채워주신 겁니다. 정말 상당히 고맙게 생각하고 있습니다. 2023년 오늘 시점에서 아일랜드가 우리에게 어떤 의미인가를 짚어보려면 지정학적 위치에 주목할 필요가 있습니다. 영어를 쓰는 나라라 커뮤니케이션이 편하고 아일랜드 산업개발청(IDA Ireland, Industrial Development Authority) 등 기관이 투자유치와 교역 활성화를 위해 한국에 나와 있습니다. 그동안 다소 낯선 눈빛으로 서로를 봐왔다면 이제 경제 · 교역과 문화 교류를 통해 더욱 가까운 나라로 다가섰으면 합니다."

▲외무고시(24회) ▲駐체코 대사관 1등서기관 ▲가나 주재 한국대사 ▲국립외교원 교수부장 ▲아일랜드 주재 한국대사 ▲한 · 아프리카재단 이사장

4부

부록

[부록 1]

미국과 아일랜드에서의 한국인 이민자들의 경험 연구: 악순환을 끊기 위한 노력

Korean Immigrant Experiences in America and in Ireland: Breaking the vicious circle of ethnic patterns

K. Hun Mok
Trinity College Dublin, The University of Dublin

초록

미국 그리고 유럽 등지에서 관찰되는 해외 이민자들의 이민국으로의 동화 경험과 경로는 소속 국가수 만큼이나 다양하다고 볼 수 있다. 이러한 민족의 동화 과정에서 공통적으로 관찰되는 것으로 타민족으로 부터의 차별과 동족간의 차별을 들 수 있다. 전자의 존재는 이민 온 나라에 존재하는 문화적, 민족적인 관성에 의해서라면 후자는 이민자 개인들의 자기 보존 및 자기 지위 향상을 미래의 자기 민족의 정치적인 영향력 구축보다 우선하기 때문이다. 후발로 이민 온 개인들이 상기의 '이중 장벽'을 통상 넘는 데에는 수십년에 걸친 동화의 실패와 고용의 실망을 겪은 후에야 가능하게 되며, 동일 경험을 보유한 자들이 점점 많아지면서 '한계 질량'에 다다른 후에 이민 대상 국가와 이민자 공동체들의 인지를 통하여 해결되는 경우가 일반적이다. 이러한 미국 이민의 역사적인 맥락을 토대로(다른 유럽에서의 상황과는 달리) 아일랜드(그리고 영국)의 이민 경험을 보는 것이 유익하다 할 것이다. 그리고 상기의 수십 년간의 개인적인 실망감과 우수한 개인의 능력의 불필요한 소모가 계속되는 악순환의 고리를 끊는 데에 있어 아일랜드의 빈곤층과 핍박받은 사람들을 돕는 자원 봉사 활동이 아일랜드 국민으로 부터 깊은 감동을 주며 그들과의 동화에 큰 가속을 줄 수 있음을 보여 주고자 한다.

Abstract

The experiences and paths toward integration of different ethnicities to the United States(and for that matter, Europe as well) are as diverse as the nations of origin themselves. Common in these ethnic integration patterns are the typical inter- and intra-group discriminatory attitudes. While the former may be explained as cultural and ethnic inertia, the latter form of discrimination intriguingly reveals an ethnic individual's inherent tendency for self-preservation and self-advancement at the expense of future collective political empowerment. Usually, overcoming this 'double-whammy'against newcomers requires several decades of failed-attempts of immigration and employment until a critical mass is finally reached, with the subsequent acceptance of a representative ethnic voice by both host nation and immigrant societies. It is within this American immigration context that the Korean experience in Ireland(and the UK) can be viewed, in contrast to those found in other European countries. In order to break the potentially vicious cycle of several decades-worth of countless individual disappointments and wasted talent, we show that active voluntary engagement to assist the poor and underprivileged within Ireland may be a way forward for harmonious acceptance amongst, and beneficial to, the Irish people.

출전: Mok KH, "Korean Immigrant Experiences in America and in Ireland: Breaking the Vicious Circle of Ethnic Patterns", EurKorea 2013: European Perspectives of Korea, *Quaderni di cultura* 11: 107-121, Trinity College Dublin and Trauben Edizioni, Turin, Italy; ISBN 978 88 66980438, 2014.

The history of immigration of Koreans to the US is comprehensively documented by experts in the field(Kim, 2004, Reimers, 2005, Yoon, 2005, Schwekendiek, 2012), two of whom are speakers at this conference. Briefly, the influx of Chinese due to the California Gold Rush(in search of the "Gold Mountain") and the first transcontinental railroad(from 1849 and extending into the 1880s) whetted the appetites for fostering further immigration from other far-east Asian countries. In the case of Korea, diplomatic relations between

Chosun and the US commenced on 22nd May 1882 through the "Treaty of Peace, Amity, Commerce, and Navigation". In the same year, the Chinese Exclusion Act was passed by the US Congress(6th May 1882), prohibiting any immigration of Asians to a significant degree. Despite these regulations, American capitalism being ever so practical, the first Japanese immigrants were allowed to arrive and work on the sugarcane and pineapple plantations(Hawaii) and the fruit and produce farmlands(California) in 1885. Following this example, the first significant number(103 men, women and children) of Koreans arrived in Honolulu Harbor(aboard the *S.S. Gaelic*) on 9th Jan 1903. For three more years, this "first wave" of Korean immigrants totaling 7,226 arrived in Honolulu on 65 different ships and persevered under difficult conditions.

Meanwhile on the Asian Continent, the Russo-Japanese war(1904~1905) was mediated to peace by US President Theodore Roosevelt(later earning him a Nobel Peace Prize for his efforts). With the hopes of taking advantage of thispolitical flux, the court of Chosun sends Syngman Rhee(later to serve as the 1stPresident of Republic of Korea) to convince the US to return Korea to sovereignty. This attempt fails, and serves as one of many reasons for Japan to force Chosun to accept the terms of protectorate in 1905. The complete relinquishing of Korea's independency through the Japan-Korea Annexation Treaty follows a few years later in Aug 1910.

1. Young Koreans step up to save the fate of their country

The pro-active spirit of young Koreans abroad during this turbulent period is well exemplified by the little-publicized actions of two young men by the name of Jang In-Hwan and Jeon Meong-Un. The story begins with Durham White Sevens, an American who worked to advance the ever-expanding interests and ambitions of the Japanese government through his employment with the Japanese Ministry of Foreign Affairs, and later as a Japanese-appointed civil servant of the Chosun Foreign Office(1904). Stevens acted as a strong and vocal proponent – and with his Western ethnicity, more convincingly from the perspective of the outside world – for the protectorate status of Chosun. In 1908, his writings and statements that justified the Japanese occupation – such as in a newspaper interview commenting that "Koreans lacked the ability to be independent" and that "Koreans were benefiting from the presence of Japan in their country" - infuriatedall Koreans home and abroad. When word of his visit to the States reached the Korean community in San Francisco, young Koreans confronted him to protest on 22 March 1908. On the subsequent day, acompletely coincidental merging of two separate plans by two young Korean men occurs. Jeon attempts to shoot Stevens but fails and while engaged in a fight, Jang succeeds in fatally wounding Stevens with his firearm. Both are arrested and tried, and while Jeon was acquitted, Jang was found guilty of second-degree murder, serving 10 years of an original 25-year sentence in California. Both Jang and Jeon were awarded the Order of Merit for National Foundation by the Korean government in 1962 and are considered patriots in Korea.(An interesting vignette of history involving Syngman Rhee can be added here. As a student in a Master's program at Harvard University, Rhee was asked to comeas translator for the two Korean defendants and flown over to San Francisco through a voluntary collection by the Korean American communities in the California Bay Area and Hawaii. After only a short stay,

Rhee declined to help stating that he "did not wish to help a murderer" and returned to Boston(Kim, 1959/2004). It goes without saying that this episode not only demonstrated early on Rhee's selfishness and lack of concern on matters directly impacting his countrymen, but also that Rhee failed to allow due process take its course, as neither Jang nor Jeon were to be considered guilty of their charges prior to trial.)

The reader will surely agree that a description of this historical event does not imply the condoning of violence in any way shape or form, for such an act should have its just consequences(and indeed Jang did serve a real prison sentence for his crime committed). However, oneof the reasons for mentioning this example is to highlight the integral role of the young Koreans and Korean Americans in the immigrated communities. In fact, during the early 1900's, various local and grass-roots organizations to advance the independence of Korea were established, providing crucial support and information to those back home as well as unadulterated, front-line news of the situation unfolding on the Korean peninsula to the US public. Jang, a member of *Daedong Bogukhoe,* met Jeon, a member of the *Gongnip*

Hyeophoe, when thetwo groups held a joint meeting in 1908 to discuss Stevens' spiteful declarations against the Korean people.(It should be stressed that at these meetings, there was no conspiracy discussed to kill Stevens.) In addition to these organisations, militant reservist groups to train young Koreans to be ready for battle with the Japanese were founded – one of the pioneering schools being *The Young Korean Military School*(June 1909) in Nebraska established by Park, Yong Man, a fellow prisoner of conscience with Rhee going back to their imprisonment in Hansung(Seoul) in 1904, and the *Maengho Dahn* in Los Angeles and San Francisco(1930s). The impact of young Koreans was also demonstrated in the founding of the Korean Society in New York(1921), carried out with the leadership of Korean students at Columbia University(Kim, 1959/2004).

Hence politically, the Korean communities in the US – and especially the young Koreans and those involved in the Christian community - have admirably demonstrated their social conscience relating to not only Korea-based events, but also to those of other third-world countries(Yoon, 2005). From the humble beginnings of their necessity for survival in the Hawaiian plantations; the patriotic urgency and activism to save their country from the oppressive colonialism of Japan; through the heartbreaking Korean conflict(1950-1953) where the post-World War rhetoric of competing superpower ideologies led to the realities of pitting brother against brother to the result of more than one million dead Koreans(civilian and military) and 142,000 military casualties for the United Nations armed forces(Hastings, 1987); continuing on with demonstration activities against the military dictatorships that spanned approximately twenty-five years; and finally to the fully civilian democratic governments since 1993(Cumings, 1997), a steadfast endeavour has taken place in North America to assist and support democracy and justice for the Korean peninsula.

2. Inter- and intra-group discrimination

Having said this, an inescapable fact is that notwithstanding the proactive engagement of the Korean immigrant communities towards various political causes, socio-economically speaking, the Koreans are still very much(perhaps *too* comfortably) on their own. Rather than employed at well-established private- or public-sector institutions, a quarter of all Koreans in the US are self-employed, a figure twice the average of the nation as a whole. Koreans are owner-managers of 25,000 grocery and liquor stores throughout the US, many of these stores having previously been owned by Jews and the Italians and situated in predominantly Black neighborhoods. Although numbering a total of approximately 1.1 million people(2011 statistics; Table 1), rather than geographically spread throughout the 50 states(or at least amongst the urban centers), one-fifth of all Korean Americans are found to reside in the Los Angeles-Long Beach Metropolitan Region(Reimers, 2005). Hence, a lack of true integration with the general community has been clear, its negative ramifications leading to tragedies such as the April 1992 Los Angeles riots where 4,500 shops(mostly

Korean) were burnt down. To make matters worse, frequent schism and division within Korean organizations and societies are prevalent, with rival associations frequently sprouting up whenever there is leadership change. Hence, what is emerging(or already has emerged) are competing conflicts: Nolonger do the issues strictly deal with friction between the Korean and the dominant White Anglo-Saxon Protestant cultures(or others such as Hispanic culture), but unnecessary and divisive intra-community conflicts are to be found as well.

It should be emphasized that such occurrences are not limited to the Korean immigration experience in America. Nor is this found only amongst Koreans. One well-known example is skin color-based discrimination amongst African-Americans(Weinstein, 1990, Russell et al., 1992). In the Hispanic community, fluency in Spanish has brought about employment discrimination(Lopez, 2011), although it may be argued that fluency in language serves as a valid job performance indicator. Since there are obvious differences in life experiences, language, culture, and values between the early generation and the 2nd, 3rd, and further generations, much of this has and can be explained to generational differences(Healey, 2008). Such narrative is certainly valid when the majority members of a certain ethnic group share a common historical lineage based upon coherent waves of immigration - a result of immigration policies of the host nation at that time, for good or for worse(Glazer, 1987). Korean immigration in the US serves as a good example. Although the initial wave could betraced to the historic immigration approximately 100 years ago, a more populous wave of immigrants had arrived on the shores of the States in the 1960s-1980s due to the favourable immigration policies such as the 1952 McCarren-Walter Immigration Act and the 1965 Hart-Celler Act(Reimers, 2005, Yoon, 2005, Kim, 2004, Kim, 2008). Monitoring subsequent generations of these immigrant waves have led to various theories of social cohesion, be they positively contributing or disruptive to the social fabric.

Turning our eyes towards Europe, intriguingly, the population statistics and the ratio of Korean nationals(expatriates) to naturalized citizens serve as a useful approximation of the theories mentioned above. In countries where there were defined waves of immigration(including open adoption policies of Korean children), one finds that the proportion of naturalized citizens is relatively high(Table 1). Key examples are found in the Scandinavian countries where the percentage of naturalized citizens is approximately 30-55 %(mainly due to the generous adoption of Korean infants) and particularly with Germany(24.8 %; mainly due to 1963 Korean-German Labour Recruitment Agreement resulting in a large influx of Korean miners and nurses(Thomas, 2013)). These figures are comparable to those of Japan(36.1 % naturalized citizens) and of the US(50.3 % naturalized citizens), demonstrating that the policies of the host nation decisively determine the makeup of its immigrants. In these countries, the leadership of the Korean communities usually consists ofnaturalized citizens, as they are more-or-less fully assimilated and hold significant socio-economic positions in their respective societies. As a result, the naturalized citizens are capable and well-experienced to guide the social and political discourse with the citizens of the host nation when such matters arise.

In contrast, for those Western countries that did not legislate a relatively open immigration environment(to non-EU citizens), the percentages of naturalized citizens are markedly lower. Countries like the UK, France, Italy, the Netherlands, Ireland, Belgium, Portugal belong tothis group.(Malta is excluded due to its extremely small total population.) In these countries, while most of the naturalized citizens are spouses and children from inter-ethnic marriages, the Korean nationals mainly consist of(i) professionals hired by various private- and public-sector institutions in the respective countries,(ii) diplomats, government civil servants and adjunct staff assigned to various international organizations,(iii) to a larger extent, sojourners(3rd/4th-level students or contract laborers and researchers) who live in these countries for a defined period(usually on the order of a few to several years).(Note that Ireland - emphasized in Table 1 – has one of the largest overall Korean communities when based on per million citizens. In addition, the percentage of naturalized citizens is exceedingly small –4.8 % - whereas the percentage of Korea nationals is one of the highest – 19 out of 20 Koreans belong to this cohort(95.2 %).)

In both cases, inter-group and intra-group exchanges and experiences are moulded and mended, and given sufficient time, the invisible hand of supply and demand for human resources shouldbe able to determine the aspirations and needs of the Koreans belonging to their respective communities. In other words, both components – be they naturalized citizens or the expatriates –would be able to share the resources and representation in a fair and just way. Furthermore, the policies of the Korean government towards overseas Koreans would ideally be flexible enough to support both cohorts.

Unfortunately, as commonly observed when a competition of resources is present, this is occasionally not the case. In other words, one cohort is able to over-represent itself at the expense of the other. Furthermore, this may occur regardless of any pressure from the host population(or “privileged”) (Schaerer, 2008).

Table 1. Overseas Koreans in Western Europe
(Order of countries is based on total population of Koreans residing.)

Country	Korean Nationals	Naturalized Citizens, etc	Total	Population	Numbers Per Million Citizens
United Kingdom	42,990 (91.8 %)	3,839 (8.2 %)	46,829	62,752,000	746
Germany	23,704 (75.2 %)	7,814 (24.8 %)	31,518	81,798,000	385
France	11,898 (93.8 %)	786 (6.2 %)	12,684	65,372,000	194
Italy	3,920 (94.7 %)	221 (5.3 %)	4,141	60,724,000	68
Spain	3,151 (77.2 %)	929 (22.8 %)	4,080	46,175,000	88
Switzerland	1,934 (78.2 %)	538 (21.8 %)	2,472	7,912,000	312
Austria	1,948 (81.6 %)	439 (18.4 %)	2,387	8,424,000	283
Sweden	922 (45.0 %)	1,128 (55.0 %)	2,050	9,449,000	217
Netherlands	1,663 (93.9 %)	108 (6.1 %)	1,771	16,693,000	106
Ireland	**1,006 (94.2 %)**	**62 (5.8 %)**	**1,068**	**4,577,000**	**233**
Belgium	751 (91.1 %)	73 (8.9 %)	824	11,048,000	75
Norway	392 (64.8 %)	213 (35.2 %)	605	4,953,000	122
Finland	348 (93.5 %)	24 (6.5 %)	372	5,388,000	69
Greece	267 (83.2 %)	54 (16.8 %)	321	11,300,000	28
Denmark	214 (73.0 %)	79 (27.0 %)	293	5,571,000	53
Portugal	151 (91.5 %)	14 (8.5 %)	165	10,557,000	16
Malta	160 (99.4 %)	1 (0.6 %)	161	416,700	386
Luxembourg	40 (80.0 %)	10 (20.0 %)	50	518,300	96
Japan	578,135 (63.9 %)	326,671 (36.1 %)	904,806	127,817,000	7,079
USA	1,082,708 (49.7 %)	1,094,290 (50.3 %)	2,176,998	311,588,000	6,987

Sources: (1) Ministry of Foreign Affairs and Trade, Republic of Korea (2011)
(2) World Development Indicators (WDI), World Data Bank, World Bank Group (2014)

The beginnings of intra-group discrimination is usually unintended, and often not even targeted against one's own ethnicity. As depicted in Figure 1, a struggle for survival in a foreign country is a typical way of how things unfold. Lack of "communication skills"(usually implying fluency of language) and/or lack of networking with members of the host country compel the individual to associate primarily with members of the same ethnicity. Through diligence, ingenuity and intra-group teamwork, a certain level of financial/ emotional satisfaction is attained after a defined number of years. The margins of profit are wafer-thin though(or in the case of an ethnic society/association, the chances of climbing the leadership ladderare limited), and it therefore follows that expanding the number of stakeholders becomes undesirable. Hence, a restriction of the opportunities to new incoming members is inevitable.(i) Limiting the qualifications of membership(for example, mandating a number of years of residency, imposing a high threshold for membership fees),(ii) a passive attitude in notifying the public(for example, limiting the exposure to selected webpages), and(iii) programming activities/events that are relevant to only the current membership are typical methods to keep the number of stakeholders to a minimum. A vicious circle ensues(Fig 1).(Interestingly, this circle need not be limited to ethnic or social discrimination. Such diagram would nicely suit the practices found in business monopolies/oligopolies or even organized crime.)

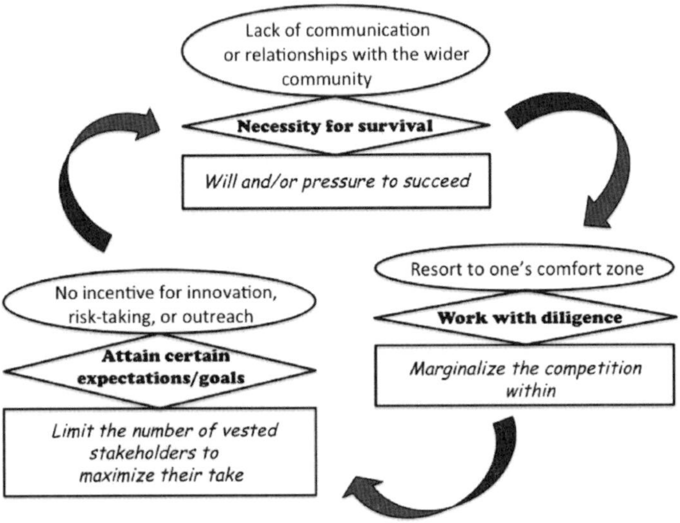

[Figure 1] The vicious circle of intra-group discrimination

As such, the inherent human tendency for self-preservation and self-advancement make it rather difficult to lay any direct blame on such closed-loop activity. **The important lessons are as follows:(i) The experiences and paths toward integration of different ethnicities to various countries are as diverse as the nations of origin themselves.**

Because there is variability in the immigration practices, the composition of immigrants(naturalized citizens as well as Korean nationals) is also likely to be very different.(ii) When there exists discrimination(intra- and/or inter-), the odds against the disadvantaged makeit very difficult for them to fulfill their aspirations. (iii) The immediate result is countless individual disappointments and wasted talent, sometimes extending for a period of decades.(iv) A transparent and fair method of accurately assessing the needs of overseas Koreans(as well as other ethnicities) is necessary in order to prevent one particular cohortover-representing themselves at the expense of other cohorts. (v) Policies should be devised and implemented to ensure a level playing field(Takaki, 2000).

3. The Korea Young Volunteers' Union(KYVU)
- A proposal to establisha new volunteer organization

In light of these realities, and inspired by the early 20th century community organizations formed by the pioneering young Koreans in America, the author and approximately fifty University-age students have formed a Charter Committee to explore the feasibility of establishing a volunteer organisation for the Korean nationals in Ireland. The objectives include:(i) Engagement with, observation of, and learning from the host society(Ireland) through volunteering various services not only to fellow Koreans, but also to the general public. (ii) Be useful to the public through one's service, strive to be an element of change, and more importantly, prepare to be changed(in attitude, outlook, and expectations) as well. Finally,(iii) foster sustainable, lasting relationships with all citizens involved, endearing them to the membership and the ethos of the organization. Although still in the Charter Committee stage, for two straight years(2012 and 2013), KYVU has hosted a "Christmas Meal on Christmas Day" event for international students and Dubliners who may not have had the chance to join friends and family during the Christmas-New Year's break. In addition, the encouragement of Small Activity Groups have led to the founding of the "Korean Music Society Dublin", allowing talented musicians to perform together and "compare notes". Also, key public lectures given by distinguished guests such as H.E. the

Ambassador of Korea and others have provided the young members to think out of the box and plan/ponder a better future.

It is our expectation that by contributing to the local (indigenous) communities, not only will there be a fair representation of all of the constituting members the Korean community, but more importantly, a fruitful and mutually beneficial cooperation between the Korean and Irishthat will serve as an immigrant model for other countries as well.

References

CUMINGS, B. 1997. *Korea's Place in the Sun: A Modern History*, New York, W.W. Norton & Company.

GLAZER, N. 1987. *Affirmative Discrimination: Ethnic Inequality and Public Policy*, New York, Harvard University Press.

HASTINGS, M. 1987. *The Korean War,* New York, Simon & Schuster.

HEALEY, J. F. 2008. *Race, Ethnicity, Gender, and Class: The Sociology of Group Conflict and Change, 5th ed*, SAGE Pubs Inc.

KIM, I. J. 2004. *Korean Americans*: *Past, Present and Future*, Hollym International Corporation.

KIM, N. 2008. *Imperial Citizens*: *Koreans and Race from Seoul to LA*, Stanford University Press.

KIM, W. Y. 1959/2004. *A 50-Year History of Koreans in America(Written in Korean)*, Kim Ho(Original) / Hyean.

LOPEZ, K. 2011. Hispanics vs. Hispanics: Inter-racial Discrimination. *StudyMode.com* [Online], 11.

REIMERS, D. M. 2005. *Other Immigrants: The Global Origins of the American People*, NYU Press.

RUSSELL, K., WILSON, M. & HALL, R. 1992. *The Color Complex: The Politics of Skin Color Among African Americans*, New York, Harcourt Brace Jovanovich.

SCHAERER, E. R. 2008. Intragroup Discrimination. *SelectedWorks of Enrique R. Schaerer*. ExpressO.

SCHWEKENDIEK, D. 2012. *Korean Migration to the Wealthy West: Asian Political, Economic and Security Issues - Social Issues, Justice and Status*, Nova Science Pub Inc.

TAKAKI, R. T. 2000. *Iron Cages: Race and Culture in 19th-Century America*, Oxford University Press.

THOMAS, V. 2013. Koreans Have Made It in Germany - 50 years of the Korean-German labour recruitment agreement(Stories of Migration). *Migration and Integration*. Goeth Institut.

WEINSTEIN, A. 1990. Must Employers Be Colorblind? Title VII Bars Intra-Racial Employment Discrimination: Walker v. Secretary of Treasury, I.R.S., 713 F. Supp. 403(N.D. Ga. 1989). *Washington Univ Law Quarterly*, 68, 213-224.

YOON, I.-J. 2005. Korean Diaspora. In: EMBER, M., EMBER, C. R. & SKOGGARD, I.(eds.) *Encyclopedia of Diasporas: Immigrant and Refugee Cultures Around the World; Volume II: Diaspora Communities*. Springer.

[부록 2]

코로나 바이러스와의 사투 6개월

Our Battle with Coronavirus, Post-6 Months: Reflections on what we could have done better subsequent to weathering the storm

요약 Summary

2019년 12월 중순부터 중국 우한에서 발생한 Covid-19 코로나 바이러스 전염병이, 현재 전 세계에 1500만명 이상의 확진자와 63만명 이상의 사망자를 가져왔다[1]. 그렇다면 지난 6개월 간의 '지구 응급 처치'(자가 격리, 접촉자 추적, 사회적 거리두기, 마스크 착용, 인공 호흡기 급생산-보급) 후, 지금에 와서 우리가 Covid-19에 대해 과연 얼마만큼 알고 있는지를 스스로 점검할 때가 왔다. 의학사상, 이토록 다양한 증세와 복합적이고 다각적인 치료를 필요로 하는 질병이 인류를 엄습한 예가 없었기 때문이다. 본 고찰은, 과거 기업체와 정부출연연구기관에서 근무하고 현재는 학계에 종사하는 전문가의 입장에서, 대중 매체 및 social media의 일반 보도 자료보다 일차 학술 자료 정보(academic primary literature)를 통하여 Covid-19 사태 뿐만 아니라 SARS/

MERS사태 등과 비교한 과거-현재-미래, 산-학-연-관 등의 total value chain을 망라하여 현재의(그리고 향후에 또 출현할 수 있는) 질병 예방/치료를 위한 방향을 나누고자 한다.

단기적인 대책만으로 위기 상황을 장기적으로 해결하기에 부족함을 증명받고 있는 이 때, 함께 재차 공유할, 어쩌면 당연한, 교훈이라면 '범 기초 과학 연구-개발-혁신의 필요성'이라 할 것이다.

출전: 목 헌, "코로나 바이러스와의 사투: 급한 불 끄고 나니 보이는 미비점들", Report, Theme: Covid-19 & Digitalization in Europe, *KIC Korea Innovation Center Europe Issue* 창간호 1: 24-29, 2020.

I. 개요: 문제의 핵심 파악

세계 보건 기구 WHO의 공식 timeline에 의거하면, 2019년 12월 31일 중국에서 "원인 불명의 폐렴 환자 발생"으로 시작된 Covid-19 전염병은, 6여개월 후인 현재 전 세계에 1500만명 이상의 확진자와 63만명 이상의 사망자를 가져왔다[1]. 단위 인구로 따지면, 만 6개월만에 단위 인구 100만명 중 2000여명이 1년전까지만 해도 아무도 모르고 있었던 병에 걸리고, 또 그 중 80여명이 미지의 바이러스로 인하여 목숨을 잃은 셈이며, 그 숫자는 날로 증가하고 있다.(우리나라는 이에 반하여, 인구 100만명 중 각각 272명과 6명으로, 전 세계의 칭찬을 받고 있음은 널리 알려진 사실이다.)

현재 개발 중인 백신이 통틀어 198 건, 그리고 치료제는 273건으로 집계되고 있다[2, 3]. 백신을 개발하기 위하여 미국, 독일, 영국 등 국가들이 도합 천문학적인 액수인 100억불 이상을 투자했고, 백신후보가 7, 8, 9월에 각각 하나씩 수천 또는 수만 여명에게 접종하는 제 III 임상시험 단계를 시작한 지금의 시점에서, 아직 의문점들이 산재해 있는 것이 처절한 사투 6개월 후의 우리 인류의 상황이다. 회복된 환자라고 모두 항체 양성 반응을 보이는 것도 아니며, 설령 항체가 형성되더라도 그 지속성이 아직 수 개월이라는 증거 밖에 없고 [4], 재차 노출되었을 때에 추가 보호를 받을 수 있는지도 확실하지 않은 상황에서, 백신을 이용한 후천성(획득) 면역 기작을 불러일으키면 만사형통일지도 미지수이다. 전 세계에서 그 학문의 경지에 가장 존경을 받는 스웨덴에서 집단 면역을 추구하다 한 때 인구 백만명당 세계에서 치명률이 가장 높은 국가의 기록을 보였던 것도 지난 반 년 중에 일어난 일이다. 아울러 여태 왜 Covid-19에 대하여 어린이들이 성인에 비하여 증세도 미온하고 치명률이 낮은지에 대해(전체 환자 수의 7%에 불과) [5,6], 그리고 중증 환자들의 경우, Covid-19이 혈전 메카니즘에 깊이 관여되어 폐 이외의 심장, 신장, 혈관, 간, 뇌 등에 어떻게 치명적인 영향을 미치는 지에 대해서도 [7,8], 그리하여 총체적으로 Covid-19에 한해서만이라도 사람의 면역 시스템을 잘 다스려서 그 치료가 과연 가능한 지에 대해, 안타깝게도 학자들이 알고 있는 바가 아직 많이 부족한 현실이다[9-11].

이 뿐만 아니라, 어떤 경우는 과학적인 사실에 대하여 정치적인 또는 비합리적인 논리를 적용하여, 많은 사망자들이 있었음도잊어서는 안 될 것이다. 예를 들면 서구 사회에서는 N95 마스크가 차단할 수 있는 입자의 최소 크기가 100~300 nm인 반면 바이러스 입자 직경이 약 70 nm이다 보니 마스크 착용이 의미 없다는 단순 논리를 적용했었다. 그런데 누구나 마스크를 착용하고 숨을 쉴 때, 바이러스에 비교할 수 없을 정도로 그 크기가 미세한 산소와 이산화탄소 등의 기체 분자의 호흡도 저항을 받는 것을 느꼈다면, 마스크의 착용 효과는 입자의 절대 크기를 분획하는 이원적인 차단에만 있지 않음을 쉽게 파악할 수 있었을 것이다[12]. 감기에 걸리면 주위의 사람들을 위하여 통상 마스크를 쓰는 우리나라 정서로서는, 이미 깊이 담겨있는 민족의 지혜가 전염 방지의 로지스틱스를 선도하고 있었던 것이다.

II. 치료제와 백신 개발 현황, 그리고 바람직한 향후 방향

(1) 치료제 개발

SARS-CoV-2(COVID-19를 유발하는 바이러스의 공식 명칭)는 리보핵산(RNA) 바이러스로, 코로나바이러스의 소분류에 사스(SARS)와 메르스(MERS)가 포함되고, 대분류에는 코감기 바이러스(rhinovirus), 소아마비 바이러스, C형 간염 바이러스, 에볼라 및 지카 바이러스, 그리고 매년 전 세계를 괴롭히는 독감(인플루엔자) 바이러스도 여기에 속한다

(표 1). RNA 바이러스의 유전자를 복제하는 중추적인 역할을 하는 효소가RNA 중합 효소(RNA Polymerase)이며, RNA 중합 효소는 DNA 중합 효소와는 달리 Error Checking, 즉 실수를 교정할 수 있는 활성이 없기 때문에 유전자의 돌연변이가 빈번하며, 따라서 역사적으로 백신 개발이 쉽지 않은 것으로 알려져 있다[13]. 이 같이 중요한 역할을 맡고 있는 RNA 중합효소를 선택적으로 특이하게 억제시키는 약물이 있으면 좋을 것인데, 이를 위하여 렘데시비르 Remdesivir가 RNA 중합 효소 억제제(실제로는 전구 약물, pro-drug)로 사용되고 있는 것이며, 중증환자의 회생은 못하나 경증 환자들의 퇴원 시기를 많이 앞당길 수 있는 것으로 보고가 되었다[14].

RNA Viruses

Virus Family	Examples (common names)
1. *Reoviridae*	Reovirus, rotavirus
2. *Picornaviridae*	Enterovirus, rhinovirus, hepatovirus, cardiovirus, aphthovirus, poliovirus, parechovirus, erbovirus, kobuvirus, teschovirus, coxsackie
3. *Caliciviridae*	Norwalk virus
4. *Togaviridae*	Eastern equine encephalitis
5. *Arenaviridae*	Lymphocytic choriomeningitis virus, Lassa fever
6. *Flaviviridae*	Dengue virus, hepatitis C virus, yellow fever virus, Zika virus
7. *Orthomyxoviridae*	Influenzavirus A, influenzavirus B, influenzavirus C, isavirus, thogotovirus
8. *Paramyxoviridae*	Measles virus, mumps virus, respiratory syncytial virus, Rinderpest virus, canine distemper virus
9. *Bunyaviridae*	California encephalitis virus, Sin nombre virus
10. *Rhabdoviridae*	Rabies virus, Vesicular stomatitis
11. *Filoviridae*	Ebola virus, Marburg virus
12. *Coronaviridae*	SARS-CoV-2, MERS
13. *Astroviridae*	Astrovirus
14. *Bornaviridae*	Borna disease virus
15. *Arteriviridae*	Arterivirus, equine arteritis virus
16. *Hepeviridae*	Hepatitis E virus

최근 보도에 의하면 렘데시비르의 개발 회사인 길리어드 사이언스Gilead Sciences사가 인도와 파키스탄 몇몇 제약회사에게 127개국의 특허 실시권을 한시적으로 허용한 상황에서(국내는 7월 1일부터 공급 계획), 미국 정부가 길리어드사의 3개월 간의 전 생산량을 구매하기로 결정하여, 적어도 이 기간 중에 다른 국가가 구매하기가 어려운 실정이 되었다[15-17].

렘데시비르 이외에 현재 일선에서 사용하는 치료제 및 방법은 일반적으로 3가지가 더 있으며, (i) 부신피질호르몬제(코르티코스테로이드)인 덱사메토손(데카드론), (ii) 회복된 환자들의 회복기 혈장(convalescent plasma), 그리고 (iii) 혈전 항응고제(anticoagulants) 투여가 있다. 이 중 회복기 혈장 접근 방법은 여러 예비 실험을 거쳐 안전한 치료로 증명을 받았으나 [18] Covid-19 에 회복된 환자들의 혈액을 이용하기 때문에 장기적인 치료법은 아니며, 헤파린 또는 이녹사파린 등과 같은 항응고제의 예방 복용량 투여는 아직 그 구체적인 효용을 짚어가고 있는 중이다. 반면에 짧은 기간 중에 놀랍게 부각된 저가 염증 치료제 덱사메토손은 알레르기, 습진, 관절염, 대장염, 천식 등에 이미 투여되고 있는 약물로, 산소호흡기에 의지하는 Covid-19 환자의 사망위험을 28~40%, 기타 산소 치료를 받는 환자의 사망위험을 20~25% 감소시키는 데에 유효하여, 세계유수 병원에서 돌파구를 마련하고 있다는 평가를 받고 있다[19].

치료제의 개발을 위해서는, 우선 COVID-19가 우리 인체에 어떤 영향을 미치는지를 유전체(Genomics), 전사체(Transcriptomics), 단백질체(Proteome) 및 대사체(Metabolome) 등의 - Omics 분석을 통하는 것이 정석 플레이라 하겠으며, 전사체 분석의 경우 기초과학연구원과 서울 대학교의 김빛내리 교수 / 장혜식 교수팀의 연구 결과를 통하여 우리나라가 세계 선두 주자임을 확인하게 되었다[20]. 한편 단백질체는 SARS 바이러스와의 비교 [21, 22], 그리고 COVID-19와 인체 내 단백질들끼리의 상호 작용 지도(Protein Interaction map) 분석을 통하여 [23] 이에 적용 가능한 재창출(재지정) 약물 Drug Repurposing / Drug Repositioning 에 대한 예측이 나온 상황이다[21]. 즉, 이미 안전성을 허가받고, 생산, 사용, 판매 중인 약물들을 가지고 적응증을 다른 곳에 사용하여 신약개발에 소요되는 수억불 이상의 비용들을 절감할 수 있는 전략이 실천되고 있으며, 의미있는 열매를 맺을 수 있을 것으로 본다.

(2) 백신 개발 및 코로나 바이러스의 유전자 변이

전 세계의 이목을 받고 있는 백신 신약 개발은, 유전인자 백신(DNA와 RNA 두 종류; 여기에 미국의 Moderna 사의 백신과 독일 BioNTech과 Pfizer 공동 개발 백신이 포함), 바이러스 벡터 백신(여기에 옥스포드 대학교와 Astra Zeneca 공동 개발의 백신이 포함), 단백질 백신, 전 바이러스(whole virus) 백신 등으로 나뉘며, 선두 각축 경쟁을 벌이고 있다 [3]. 특히 백신의 경우, 항체 형성과 그 지속성이 중시되므로, 임상 시험을 최초로 마쳤다 하여 가장 효과가 있는 것은 아님을 유의할 필요가 있다.

백신 개발에 있어서의 또 다른 키포인트 중의 하나가 항체를 유발하는 바이러스 상의 target 항원인데, 상기 대부분의 백신 개발자들은 모두 그 항원을 바이러스의 표면에 존재하는 돌기단백질(S 단백질) 로 삼고 있다. 독감 Influenza바이러스의 경우, 유전자 변이를 대단히 쉽게 하기 때문에 표면의 H 와 N 단백질에 대해서 WHO 에서 그 특이성을 정기적으로 분석-예측하여 새로운 독감 백신이 매년 개량되어 생산된다. 동종의 RNA 바이러스인 코로나 바이러스도, 표면의 S 단백질이 쉽게 변이를 하면 백신이 항원 인식을 못하여 백신의 효용이 급격히 감소될 수 밖에 없으며, 아니나 다를까 지난 6개월간 Covid-19은 지구상의 인류 모두를 숙주로 삼아(세계 확진자 수 1300만명 이상을 비롯한 수 없는 무증상자 및 어린이 포함), 지난 반 년 기간 사이에 무려 8600회 이상의 유전자 변이를 했다[24](그림 1).

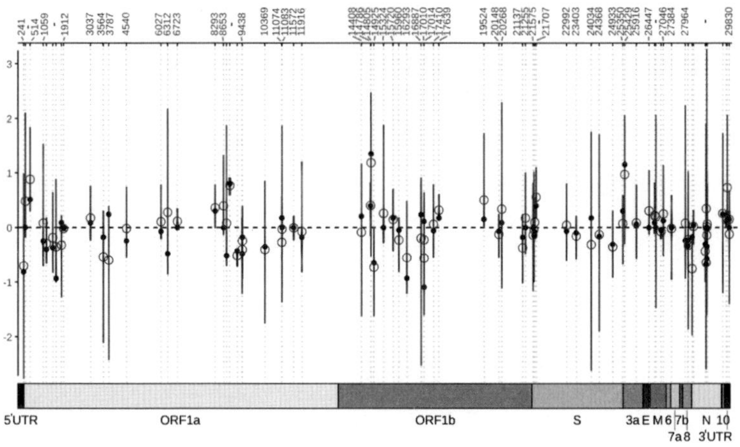

[그림 1] CoV-SARS-2 바이러스 유전자 돌연변이의 상사성 homoplasy 지도 [24]

특히 염려가 되는 것은, 백신이 목표물로 여기는 바이러스 표면의 S 단백질의 유전자가 이미 13종의 변이가 기록되고 있다는 사실이다. 이 중 유럽형이라고 일컬어지고 있는 G 형이 S 단백질 상의 중요한 인식 부위의 아미노산이 치환된 것으로 [25], 이 변이때문에 바이러스의 전염도가 높아진 것으로 해석되고 있다[26, 27].

III. 스웨덴의 집단 면역의 '대국민 모험' 및 여러 국가들의 복합적인 항-코로나 바이러스 면역 기능의 중요성 인식

스웨덴은 국가의 복지정책과 과학기술에 관해서는 전 세계의 큰 존중을 받고 있고, 그만한 경륜과 업적을 쌓은 국가임이 사실이다. 그러나 스웨덴은 Covid-19 사태 대처 방법으로 집단 면역 Herd Immunity 정책을 추구해 주변 유럽 국가들과 상이하게 격리조치를 거의 하지 않고 있다. 세계의 많은 학자들이 '역시 스웨덴은 다르다' 며 초기에는 긍정적으로 평가했으나, 5월 중순에는 인구 100만 명당 사망자 증가율이 전 세계에서 가장 높은 나라 중 하나이자 주변의 스칸디나비아 국가에 비해 인구 100만 명당 사망자 수가 5~10배의 경악할 만한 수치를 보여주고 있다[28]. 그렇다 하여 이 정책으로 스웨덴 국민의 항체 양성 반응 수치가 높아진 것도 아니며, 수도인 스톡홀름의 경우 다른 국가보다도 오히려 낮은 10% 정도에 이르지 않고 있다. 스웨덴은

Covid-19 정책 수립 당시 역학 Epidemiology 전문가들이 주류를 이루어, 지금까지의 전염병 역사를 통하여 집단 면역을 추구하는 것이 논리적이라 결론지었다. 그러나 이들이 간과한 것이 있었다면 미생물학 및 분자생물학자들과의 대화를 통해 Covid-19의 병원균이 미지의 RNA 바이러스임을 깊이 공감하고, 감염 후 온전한 면역 기능이 위축될 가능성도 있다는 것을 염두에 두지 못한 점이라 하겠다. 이와 관련하여 쉽게 떠올릴 수 있는 과거의 교훈이 있다면 2000년 이후에 아시아와 영국을 휩쓴 구제역(Foot-And-Mouth Disease)을 들 수 있다. 병원균이 역시 RNA 바이러스인 이 전염병은, 당시 역학자들이 그 해결책으로 집단 면역을 제시하지 않았는데, 동물의 복지 및 육가공 상품성에 대한 당연한 이유 외에 변이율이 높은 바이러스의 특성을 인지했기 때문이었다.

한 가지 다행스러운 사실은, 이러한 불행 중에 스웨덴이 우리나라, 아일랜드, 네덜란드, 호주, 미국 등과 함께, Covid-19 바이러스가 후천성 면역과 선천성 면역 모두를 아우르는 복합적인 면역기능과 관련된 연구를 선도하고 있다는 것이다. 최근 스웨덴 학자들은 항체 양성 반응으로 표출되는 체액성 면역 humoral immunity 외에, T 세포를 통한 세포성 면역이 무증상자 또는 경증 환자에게 있음을 보였으며 [29], 한편 선천성 면역 반응으로 중증 환자에게 오는 과잉 염증 반응(사이토카인 폭풍 Cytokine Storm)의 원인 규명에 KAIST의 신의철 교수팀이 중요한 연구 결과를 발표하였다[30]. 또한 예기치 않았던 최근 관찰 중에, 코로나바이러스와 전혀 관련 없는 결핵 Tuberculosis예방을 위하여 신생아에게 접종하는 BCG 백신이(접종 후 수십년이 지났는데도 불구하고) 훈련된 면역 trained immunity 기능을 부여하여 Covid-19 으로부터의 보호에 잠재적 도움을 줄 수 있다는 내용이 있으며, 이에 고무되어 BCG 백신의 항 Covid-19 임상 제 III 단계 시험이 네덜란드와 호주에서 속개되고 있다[31, 32]. 이처럼, 우리들이 예견하지 못했던 다양한 생명 현상의 실험과 분석과 종합을 통하여 판데믹을 이기는 정보가 연속 쏟아져 나오는 것 자체도, 그간 반 년의 코로나 바이러스와의 사투를 통하여 얻은 지혜라 할 수 있다.

IV. 어떻게 끝날 것인가

이 질문에 대한 답을 구하기 위해서는 1918년 스페인 독감의 역사에 의존할 수 밖에 없을 것이다[33]. 지금으로 보면 전근대적인 의료시설 밖에 없었던 20세기 초반, 당시 전 인류의 1/3을 감염시키고 수천만 명의 희생자를 가져온 스페인 독감 influenza바이러스는, 결국 현재의 코로나 바이러스 판데믹과 별반 다르지 않은 방역 방법으로 종식되었다. 즉, 치료 방법도 백신도 없었던 당시 상황에서, 위생에 각별히 신경을 쓰고 마스크를 착용해가며 환자들을 최대한 격리시키고, 그 사이에 면역 기능을 보유한 사람들이 차츰 증가하여 이들이 사회 전반의 필수적인 기능들을 담당하여 세계 경제가 천천히 회복을 시작하였다. 결국 스페인 독감이라하는 판데믹은, 1920년의 4차 대유행(4th

wave)이 미국, 영국, 유럽, 남아메리카 등지에서 발생하는 것을 끝으로, 독감 확진자 수가 줄어들면서 사라지게 된다.

그 때 당시의 스페인 독감은 A 형인 H1N1 이었으며, 주목할 사실은 유전자 변이로 매년 WHO에서 새로이 분석-예측하여 제약 회사에 위탁하여 생산하는 현 독감 백신도 결국 동일한 항-H1N1 인 것이다 (이와 함께 A 형H3N2 와 B형 바이러스도 포함). 즉,(사람이 아닌) 바이러스의 입장에서의 바람직한 형질은 최대한 많은 수의 개체를 널리 전염시키는 것이고, 일반적으로 이는 치명률이 낮을수록 가능한 것이기 때문에, H1N1 바이러스는 현재에 이르러서도 인류가 고통을 감내하면서 견뎌내는 유행병으로 진화된 것이다.

동일한 논리를 적용하면Covid-19 도 동종의 RNA 바이러스로서 항-CoV-SARS-2 백신의 필요성이 높다고 하겠으며(특히 노령층과 기저질환이 있는 사람), 그러나 상기에서 서술한 바와 같이 백신 말고도 우리 인체의 여러 면역 기능에 의하여 부분적인 제어가 가능하고 치료제들이 개발될 것이기에 중증 환자는 급격히 줄어들 것으로 본다. 즉, 코로나 바이러스가 수 년 후, 전염도는 높지만 치명률이 낮은 형질로 그 유전자가 안정화(?) 되면. 매년(또는 격년으로) 인류가 한 번 앓고 수주 후에 낫는 유행병 정도가 될 것으로 추측되는 바이다.

…… 1918년과 2020년, 100년을사이에 둔 두 판데믹을 비교하며 중

명되는 한가지 사실이 있다면, 신종 전염병의 출현은 분명히 또 있을 수 있겠으나, 인류의 피해는 과학의 발전과 함께 점점 줄어든다는 것이다. 이를 실현하고 열매 맺기 위하여 과학-기술-혁신을 위한 국가적인 신념과 지원을 겸허히 부탁드리는 바이다.

V. 글로벌 혁신 Global Innovation 을 위한 겸허한 제언

자타가 공인하듯, 2000년대 초기부터 뼈를 깎는 듯한 체질 개선을 하여 이제는 세계의 수위에 있는 우리나라의 바이오 산업 및 제약업계는 그간 눈부신 발전을 해왔다. 특히 삼성 바이오로직스과 셀트리온 기업군은 위탁 생산(CDMO) 및 바이오시밀러(Biosimilars, 동등생물학적제제) 생산을 통하여 수 조원에 달하는 수주/판매를 거듭하여 세계 바이오 산업의 신데렐라로 도약하였고, 이외의 우리 제약업계 일반도 그에 못지 않은 성장 곡선을 보이고 있다. 막상 1등이 되는 것 보다 1등의 유지가 어렵듯이, 어쩌면 2020년의 Covid-19 사태는 우리로 하여금 그 동안의 미비점들을 발견하고 어떠한 기업 환경에서도 견딜 수 있는 전천후 철학을 수립하는, 뜻하지 않은 기회를 제공하고 있다고 할 수 있겠다. 상기의 치료제/백신 개발 내용에 연계되어, 과거/현재/미래를 망라한 몇 가지 구체적 또는 일반적인 제언을 겸허히 올린다:

[제언 1] 렘데시비르는 본래 에볼라 바이러스의 치료제로 개발된 약물이었음을 볼 때, 우리나라에서 2002년의 중국의 사스

사태 또는 2015년의 우리나라의 메르스 사태 당시 직접 코로나 바이러스의 RNA 중합 효소를 유전자 재조합 기술로 과량 발현하고 이를 억제하는 약물 연구를(신약이든 약물 재창출 drug repurposing의 방법으로) 강력하게 추진하였다면,(비록 렘데시비르를 대체할 수는 없을지언정), 현 Covid-19의 세계 신약 개발 경쟁에 색다른 변수를 제공할 수 있었을 것으로 본다.

[제언 2] Drug discovery and development의 life cycle이 급변하는 현 상황에서, 우리나라 제약업계 및 바이오 벤처업계에서 공동으로 또는 개별적으로 생산 사용 판매하는 새창출/재시정 약물을 Covid-19 환자 치료 중인 국내 및 세계 도처의 병원에 공급하여 연구 개발에 인센티브를 제공하고 박차를 가하면, 학연산관 모두를 아우르는 혁신 프로젝트들이 상당수 나오리라 사료되며, 우리나라의 기업들이 직접적으로 해외 stakeholders와 접목하는 기회를 창출할 것임.

[제언 3] 판데믹이 산불처럼 급속히 퍼지다 보니, 급할대로 급해진 선진국들은 거액의 정부 지원을 통하여 백신 개발에 올인 all-in 노력을 경주하고 있다. 이에 현재 학계에서는 (i) 예방 백신이 조기에 성공적으로 개발되는 시나리오와(그리고 이렇게 된다면 그 이상 바람직한 것은 없을 것임), (ii) 예기치 않게 세포 감염경로 및 그 치료가 점점 복합적으로 밝혀지고 있는 Covid-19 바이러스의 현 주소를 감안하여 치료제/백신이 중장기적으로 개발되는 시나리오의 두 가지로 구분하고 있다. 이미 (i)의 경우에 많은 투자가 된 상황에서, 우리나라에서는 (ii)에도 동일한 적극적인 지원을 하는 것이 신중할 것으로 사료됨.

[제언 4] 현재 세계의 학제 양상은 점점 전문화, 세분화되고 있으며, 각 개인이 자신의 분야에서 세계 수준의 최고의 깊이와 권위를 추구하고 얻도록 노력해야 함은 물론이며, 이를 항상 제 1순위로 간주되어야 할 것임. 그러나 이와 함께 21세기 전문가의 새로운 의무 사항이라면 타 분야의 전문가와 주기적으로 서로의 연구를 공유하고 의사소통하는 것이며, 이를 위한(현재에도 다수 이루어지고 있는) cross-disciplinary 만남을 더더욱 도모하면 좋을 것으로 생각됨.

[제언 5] 2019년 말과 2020년 초에 코로나 바이러스를 직접적으로 다루며 전문적으로 연구하는 생명과학자, 의과학자들은 중국 우한의 바이러스 연구소, 우리나라 및 대만 등의 SARS, MERS 관련 연구팀 등을 제외하면 그다지 많지 않았다. 그러나 이 판데믹의 해법이 결국 세포 / 유전자 / DNA / RNA / 단백질 / 수용체 / 효소 / 대사산물 / 조직 / 기관 / 약물 등의 다중상호 관계를 실험적으로 논하고 밝히는 작업인 관계로, 이제는 생명과학, 의과학, 또는 생물 공학의 세부 분야 중에 코로나 바이러스와 관련이 없는 연구는 하나도 없다고 해야할 것이다. 즉, 이번 기회에 증명 받은 것이 있다면, 미래의 위기를 미리 예측하지 못하는 우리이기에, 미래의 결실을 예측하지 못하는 기초 과학 연구가 필요한 것이다.

…… 의학사상, 이토록 다양한 증세와 복합적이고 다각적인 치료를 필요로 하는 질병이 인류를 엄습한 예가 없었던 것을 감안하면, 결국 모두가 차근 차근, 차곡 차곡 기본에 충실하다 보면, 앞으로 또 발생할 수 있을 신종 감염병으로 부터의 인류의 피해는 과학 발전의 깊이와 폭에 반비례하여 줄어들 것이다.

참고문헌

[1] Worldometer, 2020.7.23. 09:00 GMT현재, 확진자 15,398,312 명, 사망자 630,748명, 회복자 7,372,972명 https://www.worldometers.info/coronavirus/

[2] Milken Institute, FasterCures center, 2020.7.21. 현재, https://covid-19tracker.milkeninstitute.org/

[3] Corum J, Grady D, Wee S-L, Zimmer C, *New York Times Coronavirus Tracker*, 2020.7.22. 현재, https://www.nytimes.com/interactive/2020/science/coronavirus-vaccine-tracker.html

[4] StainesHM, Kirwan DE, Clark DJ, et al, "Dynamics of IgG seroconversion and pathophysiology of COVID-19 infections", *MedRXiv* 2020.6.9.

[5] Götzinger F, Santiago-García B, Noguera-Julían A, et al, "COVID-19 in children and adolescents in Europe: a multinational, multicentre cohort study" *Lancet* 2020.6.25.

[6] Ma H, Hu J, Tian J et al, "A single-center, retrospective study of COVID-19 features in children: a descriptive investigation", *BMC Medicine* 18: 123, 2020.5.6.

[7] Klok FA, Kruip MJHA, van der Meer NJM, et al, "Incidence of thrombotic complications in critically ill ICU patients with COVID-19", *Thrombosis Research* 191: 145-147, 2020.7.1.

[8] Zhang Y, Xiao M, Zhang S, et al, "Coagulopathy and Antiphospholipid Antibodies in Patients with Covid-19", *New Engl J Med* 382: e38, 2020.4.23.

[9] Liu R, Wang Y, Li J, et al, "Decreased T cell populations contribute to the increased severity of COVID-19", *Clin Chim Acta* 508: 110-

114, 2020.5.13.

[10] Kuri-Cervantes L, Pampena MB, Meng W, et al, "Immunologic perturbations in severe COVID-19/SARS-CoV-2 infection", *BioRXiv* 2020.5.18.

[11] Mathew D, Giles JR, Baxter AE, et al, "Deep immune profiling of COVID-19 patients reveals patient heterogeneity and distinct immunotypes with implications for therapeutic interventions", *BioRXiv* 2020.5.23.

[12] Zhang R, Li Y, Zhang AL, et al, "Identifying airborne transmission as the dominant route for the spread of COVID-19", *PNAS* 117(26): 14857-14863, 2020.6.11.

[13] RNA 바이러스 중에 백신이 개발된 것은 신생아에게 필수 예방 접종을 하는 백신은 소아마비 백신이고(그나마 소아마비 백신의 효과는 50%에 지나지 않기 때문에 두 번의 boosting 이 필요), 항원 소변이(antigenic drift) 때문에 매년 새로운 항체를 유발하여야 하는 독감 백신만이 있다.

[14] Beigel JH, Tomashek KM, Dodd LE, et al, "Remdesivir for the Treatment of Covid-19 - Preliminary Report" *New Engl J Med* 2020.5.22.

[15] BBC News, "Remdesivir: Five Indian and Pakistani firms to make drug to 'fight coronavirus'", 2020.5.14. https://www.bbc.com/news/world-asia-india-52659052 .

[16] 황예랑 기자, 한겨레 신문, "'렘데시비르' 코로나19 치료제로 오늘부터 국내 공급" 2020.7.1. http://www.hani.co.kr/arti/society/health/951719.html .

[17] BBC News, "Coronavirus: US buys nearly all of Gilead's Covid-19 drug remdesivir", 2020.7.1. https://www.bbc.com/news/world-us-canada-53254487 .

[18] Salazar E, Perez KK, Ashraf M, et al, " Treatment of Coronavirus Disease 2019(COVID-19) Patients with Convalescent Plasma", Am J Pathology 2020.5.27.

[19] Horby P, Lim WS, Emberson J, et al, "Effect of Dexamethasone in Hospitalized Patients with COVID-19: Preliminary Report", *MedRXiv* 2020.6.22.

[20] Kim D, Lee J-Y, Yang J-S, et al, "The Architecture of SARS-CoV-2 Transcriptome" *Cell* 181: 914-921, 2020.4.7.

[21] Yoshimoto FK, "The Proteins of Severe Acute Respiratory Syndrome Coronavirus-2(SARS CoV-2 or n-COV19), the Cause of COVID-19", *Protein J* 39: 198-216, 2020.5.23.

[22] Gussow AB, Auslander N, Faure G, et al, "Genomic determinants of pathogenicity in SARS-CoV-2 and other human coronaviruses", *PNAS* 117(26): 15193-15199, 2020.6.10.

[23] Gordon DE, Jang GM, Bouhaddou M, et al, "A SARS-CoV-2 protein interaction map reveals targets for drug repurposing ", *Nature* 2020.4.30.

[24] van Dorp L, Richard D, Tan CCS, et al, " No evidence for increased transmissibility from recurrent mutations in SARS-CoV-2", *BioRXiv* 2020.6.30.

[25] Korber B, Fischer WM, Gnanakaran S, et al., "Spike mutation pipeline reveals the emergence of a more transmissible form of SARS-CoV-2". *BioRXiv* 2020.05.05.069054.

[26] Zhang L, Jackson CB, Mou H, et al., "The D614G mutation in the SARS-CoV-2 spike protein reduces S1 shedding and increases infectivity. *BioRXiv* 2020.06.12.148726.

[27] Eaaswarkhanth M, Al Madhoun A, Al-Mulla F, "Could the D614G substitution in the SARS-CoV-2 spike(S) protein be associated

with higher COVID-19 mortality?" *Int J Infect Dis* 96: 459-60, 2020.5.26.

[28] Worldometer, 2020.7.13. 09:00 GMT현재, 스웨덴은 자국 인구 백만명당 사망자가 547 명이다. 이와 대비하여 인근 스칸디나비아 국가들의 자국 인구 백만명당의 사망자수는, 덴마크 105 명, 노르웨이 46 명, 핀랜드는 59 명임; https://www.worldometers.info/coronavirus/

[29] Sekine T, Perez-Potti A, Rivera-Ballesteros O, et al, "Robust T cell immunity in convalescent individuals with asymptomatic or mild COVID-19", *BioRXiv* 174888, 2020.6.29.

[30] Lee JS, Park S, Jeong HW, et al, "Immunophenotyping of COVID-19 and influenza highlights the role of type I interferons in development of severe COVID-19", *Science Immunol* 5(49) eabd1554, 2020.7.10.

[31] O'Neill LAJ, Netea MG, "BCG-induced trained immunity: can it offer protection against COVID-19?", *Nature Rev Immunol* 20: 335-337, 2020.5.11.

[32] Escobar LE, Molina-Cruz A, Barillas-Mury C, "BCG vaccine protection from severe coronavirus disease 2019(COVID-19)", *PNAS* In press(2008410117), 2020.7.9.

[33] Barry JM, "The Great Influenza: The Story of the Deadliest Pandemic in History", Penguin Books, 2004.

[부록 3]

코로나 바이러스와의 사투 반년 : 급한 불 끄고 나니 보이는 미비점, 그리고 새로운 기회들

요약

2019년 12월 중순부터 중국 우한에서 발생한 Covid-19 코로나 바이러스 전염병이, 현재 전 세계에 1700만명 이상의 확진자와 67만명 이상의 사망자를 가져왔다 [1]. 그렇다면 지난 7개월 간의 '지구 응급 처치'(자가 격리, 접촉자 추적, 사회적 거리두기, 마스크 착용, 인공 호흡기 급생산-보급) 후, 지금에 와서 우리가 Covid-19 에 대해 과연 얼마만큼 알고 있는지를 스스로 점검할때가 왔다. 의학사상, 이토록 다양한 증세와 복합적이고 다각적인 치료를 필요로 하는 질병이 인류를 엄습한 예가 없었기 때문이다. 본 브리프는, 과거 기업체와 정부출연연구기관에서 근무하고 현재는 학계에 종사하는 입장에서, 대중 매체 및 social media의 일반 보도 자료보다 일차 학술 자료 정보(primary literature)를 통하여 Covid-19 사태 뿐만 아니라 SARS/MERS사태 등과 비교한 과거-현재-미래, 산-학-연-관 등의 total value chain을 망라하여 현재의(그리고 향후에 또 출현할 수 있는) 질병 예방/치료를 위한 방향을 나누고자 한다.

출전: 목 헌, "코로나 바이러스와의 사투 반년: 급한 불 끄고 나니 보이는 미비점, 그리고 새로운 기회들", *KIAT Europe: 기술 동향 브리프*, 2020.08.03. Issue 61, pp 1-15, 2020.

1. 개요

세계 보건 기구 WHO의 공식 timeline에 의거하면, 2019년 12월 31일 중국에서 "원인 불명의 폐렴 환자 발생"으로 시작된 Covid-19 전염병은, 7여개월 후인 현재 전 세계에 1700만명 이상의 확진자와 67만명 이상의 사망자를 가져왔다 [1]. 단위 인구로 따지면, 만 7개월 만에 단위 인구 100만명 중 2300여명이 1년전까지만 해도 아무도 모르고 있었던 병에 걸리고, 또 그 중 90여명이 미지의 바이러스로 인하여 목숨을 잃은 셈이며, 그 숫자는 날로 증가하고 있다.(우리나라는 이에 반하여, 인구 100만명 중 각각 278명과 6명으로, 전 세계의 칭찬을 받고 있음은 널리 알려진 사실이다.)

현재 개발 중인 백신이 통틀어 199 건, 그리고 치료제는 215건으로 집계되고 있다 [2, 3]. 백신을 개발하기 위하여 미국, 독일, 영국 등 국가들이 도합 천문학적인 액수인 100억불 이상을 투자했고, 백신 후보가 7, 8, 9월에 각각 하나씩 수천 또는 수만 여명에게 접종하는 제 III 임상 시험 단계를 시작한 지금의 시점에서, 아직 의문점들이 산재해 있는 것이 처절한 사투 반년 후의 우리 인류의 상황이다. 회복된 환자라고 모두 항체 양성 반응을 보이는 것도 아니며, 설령 항체가 형성되더라도 그 지속성이 아직 수 개월이라는 증거 밖에 없고 [4], 재차 노출되었을 때에 추가 보호를 받을 수 있는지도 확실하지 않은 상황에서, 백신을 이용한 후천성(획득) 면역 기작을 불러일으키면 만사형통일지도 미지수이다. 전 세계에서 그 학문의 경지에 가장 존경을 받는 스웨덴에서 집단 면역을 추구하다 한 때 인구 백만명당 세계에서 치명률이 가장 높은 국가의 기록을 보였던 것도 지난 반 년 중에 일어난 일이다. 아울러 여태 왜 Covid-19 에 대하여 어린이들이 성인에 비하여 증세도 미온하고 치명률이 낮은지에 대해(전체 환자 수의 7%에 불과) [5,6], 그리고 중증 환자들의 경우, Covid-19 이 혈전 메카니즘에 깊이 관여되어 폐 이외의 심장, 신장, 혈관, 간, 뇌 등에 어떻게 치명적인 영향을 미치는 지에 대해서도 [7,8], 그리하여 총체적으로 Covid-19 에 한해서만이라도 사람의 면역 시스템을 잘 다스려서 그 치료가 과연 가능한 지에 대해, 안타깝게도 학자들이 알고 있는 바가 아직 많이 부족한 현실이다 [9-11].

이 뿐만 아니라, 어떤 경우는 과학적인 사실에 대하여 정치적인 또는 비합리적인 논리를 적용하여, 많은 사망자들이 있었음도 잊어서는 안 될 것이다. 예를 들면 서구 사회에서는 N95 마스크가 차단할 수 있는 입자의 최소 크기가 100~300nm인 반면 바이러스 입자 직경이 약 70nm이다 보니 마스크 착용이 의미 없다는 단순 논리를 적용했었다. 그런데 누구나 마스크를 착용하고 숨을 쉴 때, 바이러스에 비교할 수 없을 정도로 그 크기가 미세한 산소와 이산화탄소 등의 기체 분자의 호흡도 저항을 받는 것을 느꼈다면, 마스크의 착용 효과는 입자의 절대 크기를 분획하는 이원적인 차단에만 있지 않음을 쉽게 파악할 수 있었을 것이다 [12]. 감기에 걸리면 주위의 사람들을 위하여 통상 마스크를 쓰는 우리나라 정서로서는, 이미 깊이 담겨있는 민족의 지혜가 전염 방지의 로지스틱스를 선도하고 있었던 것이다.

2. 치료제와 백신 개발 현황

① 치료제 개발

SARS-CoV-2(COVID-19를 유발하는 바이러스의 공식 명칭; 그림 1)는 리보핵산(RNA) 바이러스로, 코로나바이러스의 소분류에 사스(SARS)와 메르스(MERS)가 포함되고, 대분류에는 코감기 바이러스(rhinovirus), 소아마비 바이러스, C형 간염 바이러스, 에볼라 및 지카 바이러스, 그리고 매년 전 세계를 괴롭히는 독감(인플루엔자) 바이러스도 여기에 속한다(표 1). RNA 바이러스의 유전자를 복제하는 중추적인 역할을 하는 효소가RNA 중합 효소(RNA Polymerase)이며, RNA 중합 효소는 DNA 중합 효소와는 달리 Error Checking, 즉 실수를 교정할 수 있는 활성이 없기 때문에 유전자의 돌연변이가 빈번하며, 따라서 역사적으로 백신 개발이 쉽지 않은 것으로 알려져 있다[13]. 이 같이 중요한 역할을 맡고 있는 RNA 중합효소를 선택적으로 특이하게 억제시키는 약물이 있으면 좋을 것인데, 이를 위하여 렘데시비르 Remdesivir가 RNA 중합효소 억제제(실제로는 전구 약물, pro-drug)로 사용되고 있는 것이며, 중증환자의 회생은 못하나 경증 환자들의 퇴원 시기를 많이 앞당길 수 있는 것으로 보고가 되었다[14].

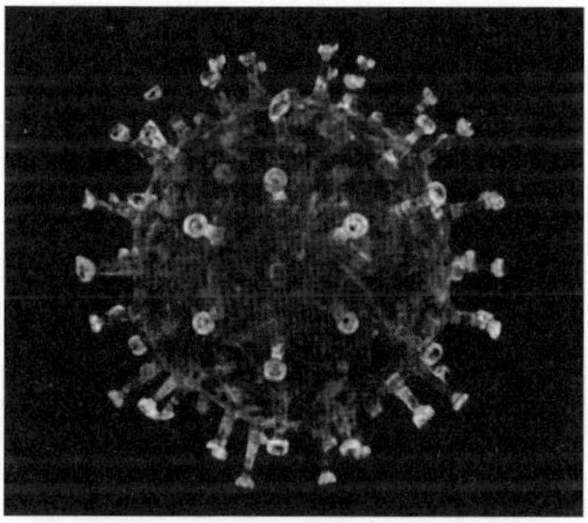

[그림 1] CoV-SARS-2 바이러스

RNA Viruses

Virus Family	Examples (common names)
1. *Reoviridae*	Reovirus, rotavirus
2. *Picornaviridae*	Enterovirus, rhinovirus, hepatovirus, cardiovirus, aphthovirus, poliovirus, parechovirus, erbovirus, kobuvirus, teschovirus, coxsackie
3. *Caliciviridae*	Norwalk virus
4. *Togaviridae*	Eastern equine encephalitis
5. *Arenaviridae*	Lymphocytic choriomeningitis virus, Lassa fever
6. *Flaviviridae*	Dengue virus, hepatitis C virus, yellow fever virus, Zika virus
7. *Orthomyxoviridae*	Influenzavirus A, influenzavirus B, influenzavirus C, isavirus, thogotovirus
8. *Paramyxoviridae*	Measles virus, mumps virus, respiratory syncytial virus, Rinderpest virus, canine distemper virus
9. *Bunyaviridae*	California encephalitis virus, Sin nombre virus
10. *Rhabdoviridae*	Rabies virus, Vesicular stomatitis
11. *Filoviridae*	Ebola virus, Marburg virus
12. *Coronaviridae*	SARS-CoV-2, MERS
13. *Astroviridae*	Astrovirus
14. *Bornaviridae*	Borna disease virus
15. *Arteriviridae*	Arterivirus, equine arteritis virus
16. *Hepeviridae*	Hepatitis E virus

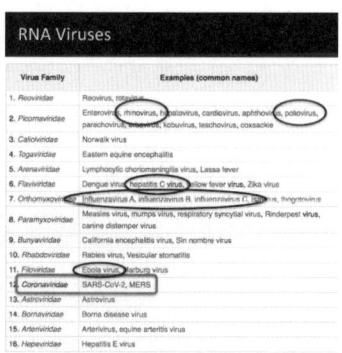

[표 1] 리보핵산 바이러스 분류

최근 보도에 의하면 렘데시비르의 개발 회사인 길리어드 사이언스 Gilead Sciences사가 인도와 파키스탄 몇몇 제약회사에게 127개국의 특허 실시권을 한시적으로 허용한 상황에서(국내는 7월 1일부터 공급 계획), 미국 정부가 길리어드사의 3개월 간의 전 생산량을 구매하기로 결정하여, 적어도 이 기간 중에 다른 국가가 구매하기가 어려운 실정이 되었다 [15-17]. 다행히 최근에 유럽 연합 EU 가 길리어드 사와 별도의 6천3백만 유로 계약을 체결하여, 2020년 8월부터 Veklury(렘데시비르의 등록 상품명) 를 공급받기로 하였다[18].

렘데시비르 이외에 현재 일선에서 사용하는 치료제 및 방법은 일반적으로 3가지가 더 있으며, (i) 부신피질호르몬제(코르티코스테로이드)인 덱사메토손(데카드론), (ii) 회복된 환자들의 회복기 혈장(convalescent plasma), 그리고 (iii) 혈전 항응고제(anticoagulants) 투여가 있다. 이 중 회복기 혈장 접근 방법은 여러 예비 실험을 거쳐 안전한 치료로 증명을 받았으나 [19] Covid-19 에 회복된 환자들의 혈액을 이용하기 때문에 장기적인 치료법은 아니며, 헤파린 또는 이녹사파린 등과 같은 항응고제의 예방 복용량 투여는 아직 그 구체적인 효용을 짚어가고 있는 중이다. 반면에 짧은 기간 중에 놀랍게 부각된 저가 염증 치료제 덱사메토손은 알레르기, 습진, 관절염, 대장염, 천식 등에 이미 투여되고 있는 약물로, 산소호흡기에 의지하는 Covid-19 환자의 사망위험을 28~40%, 기타 산소 치료를 받는 환자의 사망위험을 20~25% 감소시키는 데에 유효하여, 세계 유수 병원에서 돌파구를 마련하고 있다는 평가를 받고 있다 [20].

치료제의 개발을 위해서는, 우선 COVID-19가 우리 인체에 어떤 영향을 미치는지를 유전체(Genomics), 전사체(Transcriptomics), 단백질체(Proteome) 및 대사체(Metabolome) 등의 - Omics 분석을 통하는 것이 정석 플레이라 하겠으며, 전사체 분석의 경우 기초과학연구원과 서울 대학교의 김빛내리 교수 / 장혜식 교수팀의 연구 결과를 통하여 우리나라가 세계 선두 주자임을 확인하게 되었다 [21]. 한편 단백질체는 SARS 바이러스와의 비교 [22, 23], 그리고 COVID-19와 인체 내 단백질들끼리의 상호 작용 지도(Protein Interaction map) 분석을 통하여 [24]

이에 적용 가능한 재창출(재지정) 약물 Drug Repurposing / Drug Repositioning에 대한 예측이 나온 상황이다 [22]. 즉, 이미 안전성을 허가받고, 생산, 사용, 판매 중인 약물들을 가지고 적응증을 다른 곳에 사용하여 신약개발에 소요되는 수억불 이상의 비용들을 절감할 수 있는 전략이 실천되고 있으며, 의미있는 열매를 맺을 수 있을 것으로 본다.

② 백신 개발 및 코로나 바이러스의 유전자 변이

전 세계의 이목을 받고 있는 백신 신약 개발은, 유전인자 백신(DNA와 RNA 두 종류; 여기에 미국의 Moderna사의 백신과 독일 BioNTech과 Pfizer 공동 개발 백신이 포함), 바이러스 벡터 백신(여기에 옥스포드 대학교와 Astra Zeneca 공동 개발의 백신이 포함), 단백질 백신, 전 바이러스(whole virus) 백신 등으로 나뉘며, 선두 각축 경쟁을 벌이고 있다 [3]. 특히 백신의 경우, 항체 형성과 그 지속성이 중시되므로, 임상 시험을 최초로 마쳤다 하여 가장 효과가 있는 것은 아님을 유의할 필요가 있다.

백신 개발에 있어서의 또 다른 키포인트 key point 중의 하나가 항체를 유발하는 바이러스 상의 target 항원인데, 상기 대부분의 백신 개발자들은 모두 그 항원을 바이러스의 표면에 존재하는 돌기 단백질(S 단백질) 로 삼고 있다. 독감 Influenza바이러스의 경우, 유전자 변이를 대단히 쉽게 하기 때문에 표면의 H와 N 단백질에 대해서 WHO에서 그 특이성을 정기적으로 분석-예측하여 새로운 독감 백신이 매년 개량되어 생산된다. 동종의 RNA 바이러스인 코로나 바이러스도, 표면의 S 단백질이 쉽게 변이를 하면 백신이 항원 인식을 못하여 백신의 효용이 급격히 감소될 수 밖에 없으며, 아니나 다를까 지난 6개월간 Covid-19은 지구상의 인류 모두를 숙주로 삼아(세계 확진자 수 1300만 명 이상을 비롯한 수 없는 무증상자 및 어린이 포함), 지난 반 년 기간 사이에 무려 8600 회 이상의 유전자 변이를 했다[25](그림 2).

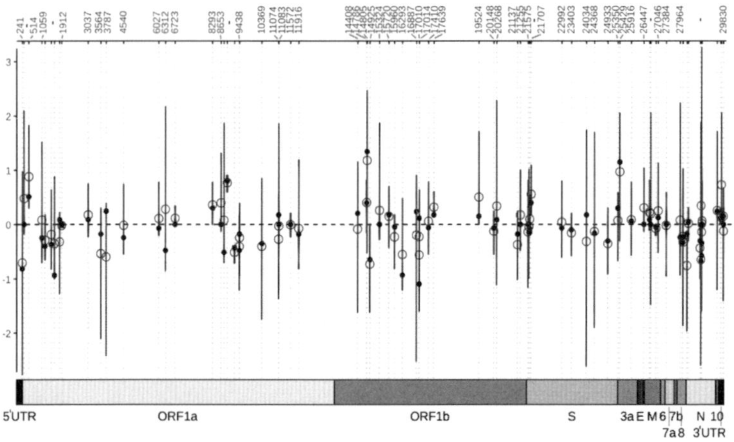

[그림 2] CoV-SARS-2 바이러스 유전자 돌연변이의 상사성 homoplasy 지도 [25]

특히 염려가 되는 것은, 백신이 목표물로 여기는 바이러스 표면의 S 단백질의 유전자가 이미 13종의 변이가 기록되고 있다는 사실이다. 이 중 유럽형이라고 일컬어지고 있는 G 형이 S 단백질 상의 중요한 인식 부위의 아미노산이 치환된 것으로[26], 이 변이 때문에 바이러스의 전염도가 높아진 것으로 해석되고 있다[27, 28].

3. 스웨덴의 집단 면역의 '대국민 모험' 및 여러 국가들의 복합적인 항-코로나 바이러스 면역 기능의 중요성 인식

스웨덴은 국가의 복지정책과 과학기술에 관해서는 전 세계의 큰 존중을 받고 있고, 그만한 경륜과 업적을 쌓은 국가임이 사실이다. 그러나 스웨덴은 Covid-19 사태 대처 방법으로 집단 면역 Herd Immunity 정책을 추구해 주변 유럽 국가들과 상이하게 격리조치를 거의 하지 않고 있다. 세계의 많은 학자들이 '역시 스웨덴은 다르다' 며 초기에는 긍정적으로 평가했으나, 5월 중순에는 인구 100만 명당 사망자 증가율이 전 세계에서 가장 높은 나라 중 하나이자 주변의 스칸디나비아 국가에 비해 인구 100만 명당 사망자 수가 5~10배의 경악할 만한 수치를 보여주고 있다[29]. 그렇다 하여 이 정책으로 스웨덴 국민의 항체 양성 반응 수치가 높아진 것도 아니며, 수도인 스톡홀름의 경우 다른 국가보다도 오히려 낮은 10% 정도에 이르지 않고 있다. 스웨덴은 Covid-19 정책 수립 당시 역학 Epidemiology 전문가들이 주류를 이루어, 지금까지의 전염병 역사를 통하여 집단 면역을 추구하는 것이 논리적이라 결론지었다. 그러나 이들이 간과한 것이 있었다면 미생물학 및 분자생물학자들과의 대화를 통해 Covid-19의 병원균이 미지의 RNA 바이러스임을 깊이 공감하고, 감염 후 온전한 면역 기능이 위축될 가능성도 있다는 것을 염두에 두지 못한 점이라 하겠다. 이와 관련하여 쉽게 떠올릴 수 있는 과거의 교훈이 있다면 2000년 이후에 아시아와 영국을 휩쓴 구제역(Foot-And-Mouth Disease)을 들 수 있다. 병원균이 역시 RNA 바이러스인 이 전염병은, 당시 역학자들이 그 해결책으로 집단 면역을 제시하지 않았는데, 동물의 복지 및 육가공 상품성에 대한 당연한 이유 외에 변이율이 높은 바이러스의 특성을 인지했기 때문이었다.

한 가지 다행스러운 사실은, 이러한 불행 중에 스웨덴이 우리나라, 아일랜드, 네덜란드, 호주, 미국 등과 함께, Covid-19 바이러스가 후천성 면역과 선천성 면역 모두를 아우르는 복합적인 면역 기능과 관련된 연구를 선도하고 있다는 것이다. 최근 스웨덴 학자들은 항체 양성 반응으로 표출되는 체액성 면역 humoral immunity 외에, T 세포를 통한 세포성 면역이 무증상자 또는 경증 환자에게 있음을 보였으며 [30], 한편 선천성 면역 반응으로 중증 환자에게 오는 과잉 염증 반응(사이토카인 폭풍 Cytokine Storm)의 원인 규명에 KAIST의 신의철 교수팀이 중요한 연구 결과를 발표하였다 [31]. 또한 예기치 않았던 최근 관찰 중에, 코로나바이러스와 전혀 관련 없는 결핵 Tuberculosis 예방을 위하여 신생아에게 접종하는 BCG 백신이(접종 후 수십년이 지났는데도 불구하고) 훈련된 면역 trained immunity 기능을 부여하여 Covid-19 으로부터의 보호에 잠재적 도움을 줄 수 있다는 내용이 있으며, 이에 고무되어 BCG 백신의 항 Covid-19 임상 제 III 단계 시험이 네덜란드와 호주에서 속개되고 있다 [32, 33]. 이처럼, 우리들이 예견하지 못했던 다양한 생명 현상의 실험과 분석과 종합을 통하여 판데믹을 이기는 정보가 연속 쏟아져 나오는 것 자체도, 그간 반 년의 코로나 바이러스와의 사투를 통하여 얻은 지혜라 할 수 있다.

4. 유럽의 Covid-19 대응 지원 현황

지난 3월 부터 유럽의 각국에서 Covid-19 방역-치료를 위한 국책 연구개발비 증액 및 전문 연구 기관 설립/전환이 급속하게 일어났다. 하기는 필자의 최선을 다한 공지 정보의 서술이나 누락된 정보가 훨씬 더 있을 것으로 예상하며, 이의 양해를 부탁드린다.

① 프랑스

프랑스에서는 향후 10년간 국가 연구 지원금을 50억을 증액하고, 항-Covid-19 백신 개발을 위하여 5000만 유로의 비상 연구비지원을 결정하였다. 수행 연구 기관으로는 프랑스 내의 각 대학 및 출연구기관과 함께, 국립 보건 의학연구원(INSERM) 과 CNRS(국립 과학 연구센터) 산하의 파스퇴르 연구소가 활발하게 활동하고 있으며, 파스퇴르 연구소 내의 국립 호흡기 질환 독감 바이러스 센터(CNR Virus Des Infections Respiratoires(dont La Grippe)는 2020년 1월 24일, 프랑스에서의 첫 세 명의 확진자를 확인하고, 1월 29일 프랑스에서 최초로 Covid-19의 전체 게놈을 발표 분석하였다. 그리고 파스퇴르 연구소 산하의 생물학적 위기 대책반(CIBU; Cellule d'Intervention Biologique d'Urgence)는 미생물의 위협 긴급 사태를 연중 365일 매일24시간 대기하는 부서이며 최전방의 위기 대책 공공 기관이다.

② 영국

영국 정부는 총액 3억 파운드를 Covid-19 방역, 백신, 치료제 및 진단 키트 개발에 지원하기로 하였으며, 이 중 2천만 파운드는 UK Research and Innovation(UKRI)에서 백신 개발로 긴급 지원되고 있다. 아울러 2020.4.17. 에 백신 개발을 가속화시키기 위한 총리실 직속의 T/F 팀이 구성되었으며 개발된 백신이 대량으로 바로 생산되기 위해서는 또 별도의 공정개발이 필요한 관계로, Harwell 에 영국 사상 최초로 백신 생산 기술 혁신 센터를 설립하여 필요 시간을 단축하기로 하였다. 영국의 경우, 어느 한 지정 기관에만 집중적인 연구가 이루어지는 것이 아니며, 예를 들어, 세계에서 가장 규모가 가장 큰 Covid-19 임상시험이 영국 국립 보건 NHS 산하의 165개의 병원에 입원중인 5000여명의 환자에게 곧 치뤄지게 되며, 연구 기획 조정 hub 중의 하나로 옥스포드 Oxford 대학교 Jenner Institute가 맡고 있다. 아울러 에딘버러 Edinburgh 대학교의 염증 연구 센터에서는 재지정 약물을 발굴하기 위하여 연구원 150여명을 동원하여 연구 개발을 착수하였으며, 이를 위하여 2백만 파운드를 자선 단체인 LifeArc으로 부터 받았다. 중소기업 지원으로는 정부의 Innovation Funding Service를 통하여 총액 2천만 파운드의 "Business-led innovation in response to global disruption" 공모를 하여, Covid-19 사태로 인하여 열악해진 기업 환경을 해결할 수 있는 아이디어를 찾는 노력을 하고 있다.

③ 독일

독일 연방 교육 연구부(Federal Ministry of Education and Research; BMBF, Bundesministerium für Bildung und Forschung)는 Covid-19 사태로 인하여 긴급 € 1억 4천 5백만 을 연구의 목적으로 지원하기로 결정하여, 다음의 4가지 항목, 즉 (i) 기초 연구로 Covid-19 바이러스 생물학에 대한 깊은 이해를 추구하는 연구, (ii) 환자를 위한 치료 방법이나 치료제 개발, (iii) 방역을 위한 백신 연구 개발, 그리고 (iv) 독일의 대학 병원 간의 연구 네트워크 설립에 사용되고 있다. 이와 별도로 Covid-19 Hospital Relief Act(병원 지원법)으로 바이러스 치료를 우선 순위로 하는 병원에게 각종 인센티브를 제공하고 있으며, Covid-19 사태로 창업이 위축되는 것을 막기 위하여 창업 보조로 € 20억을 지원하기로 하였다.(이는 독일에서 일반적으로 기업 지원시 주로 융자금 형태로 주어지는 방식에서 확연히 달라진 제도로, 그 만큼 사태가 심각하여 총체적인 경제 위기를 감지하고 있음을 알 수 있음.)

④ 스웨덴

스웨덴 연구 위원회(Swedish Research Council)은 Covid-19와 관련된 연구를 위하여 예산을 SEK 1억 증액하였으며(약 122억원), 아울러 2020-2024 기간 중, 기존 기초 과학 연구비에서 바이러스 연구를 위하여 동일한 금액의 SEK 1억을 지정하였다. 이외에도 스웨덴 심장-폐

재단에서도 Covid-19 을 주제로 하는 연구 지원을 계획하고 있으며, 각 연구 주제당 SEK 50 만이 지원되고 있다(약 6천 백만원).

⑤ 스위스

스위스 연방 정부는 2020.3.31. 에 "Covid-19 Task Force" T/F를 구성하고 위원장은 현 국립 과학 재단(Swiss National Research Foundation)의 국립 과학 위원회Matthias Egger 회장이 맡으며, CHF 5 백만(약 63 억원) 을 추가 지원하기로 하였다. 270여개의 연구 제안서 중에 대부분이 바이러스 분자 생물학, 면역학, 전염학 등과 관련된 생명의학 분야였으며, 따라서 상기에서 제시한 우리나라IT 분야와 중복이 없어 상호 보완적인 연구 개발이 가능한 상황으로 판단된다. 한편 자선 단체 지원으로는 Botnar 재단에서 운영하는 스위스 공대(ETH)와 바젤 대학교 공동의 Botnar Research Center for Child Health(BRCCH) 에서 CHF 1500 만(약 190억원) 을 추가 지원하여 Covid-19 긴급 연구를 지원하기로 하였다.

⑥ 벨기에

벨기에 정부는 2020.4.3. € 5백만을 추가 지원하여 백신 연구에 사용하기로 결정였다. 이 지원금은 국제적인 NGO 인 Coalition for Epidemic Preparedness Innovations(CEPI)에 더해질 계획이며 CEPI 는 백신의 임상 I-IV 까지의 과정과 대량 생산에 필요한 비용에 사용하도록 되어 있으며, Wellcome Trust, Bill & Melinda Gates Foundation, World

Economic Forum 등도 함께 참여하는 단체이다.

⑦ 아일랜드

우리나라와 동일하게 수출산업이 국민 총생산의 막중한 비중을 차지하는 아일랜드는, Covid-19 사태에 대한 긴급 대책이 성공하기 위해서는 산-학 양면의 비중있는 기여가 필요함을 절실히 느끼고, 정부에서 총액 € 10억을 투자하여 (i) 아일랜드 과학 재단(SFI, Science Foundation Ireland), 아일랜드 중소기업청(EI, Enterprise Ireland) 및 아일랜드 산업 개발청(IDA, Irish Development Agency) 이 연합하여 Covid-19 관련 산업을 육성하여 전염병의 전반적인 치료 및 인프라의 구축을 지원하는 긴급 반응 혁신 과제(Rapid Response Innovation Programme)를, 그리고 (ii) 아일랜드 연구 위원회(IRC, Irish Research Council) 및 보건 연구 이사회(HRB, Health Research Board) 가 연합하여 환자의 직접적인 진료 재활 등을 지원하는 전염병 긴급 반응(Pandemic Rapid Response Call) 을 각각 4월 중순부터 시작하고 있다. 이외에도 기업 활동이 어려운 시기에 중소기업을 지원하기 위하여 기업 활동 유지 지원금(Sustaining Enterprise Fund) € 1억 8천만을 신규로 지원하고, 소액 금융 지원(microfinance funding) 에 € 7백만을 추가하여(총 € 20만) Covid-19 사태에도 불구하고 국가 경제가 계속 움직이도록 하고 있다. 아일랜드 내의 Covid-19 연구 개발 기관으로 가장 국제 수위 랭킹의 트리니티 대학(Trinity College Dublin) 이 정부로 부터 Covid-19 중점 연구 기관으로 지정되고, 이를 진정한 민관 협력 사업(PPP; Public Private Partnership) 으로 이끌기 위하여 착수금 seed money € 2.4 백만 을 민간 은행인 AIB 은행으로 부터 받아 5월 부터 연구 개발이 착수되었다. 아울러 민관-내외국 제한 없이 기술 협력과 재정 지원을 지혜롭게 수혈 받으며 나누어 주며, 세계적인 위기를 산-학-연-관, 그리고 공사 구별없이 자유롭게 data를 공유하며 각국이 보유하고 있는 장점을 상호 보완적으로 활용하며 Covid-19 난점의 해답을 풀어가기로 결정하였다.

⑧ **유럽 연합**(EU)

상기 국가들의 개별적인 지원과 별도로, 유럽 연합 EU 도 여러가지 initiative를 발표하였다. 우선 정기적인 Horizon 2020의 연구 개발 과제 제안서들의 공모 마감일자를 한시적으로 연장하여, Covid-19 관련 연구 제안서들이 준비될 수 있게끔 하였다. 아울러 구체적으로 혁신 약물 발의(IMI, Innovative Medicines Initiative)라 하는 민관 협력 사업에 € 4.5 백만을 추가로 지원하여 전염병 치료제 개발에 박차를 가하게 되었으며, 1월 30일에는 € 1천만을 투자하여 "SC1-PHE-CORONA-VIRUS-2020" 라 하는 신규 Horizon 2020 과제를 도출하였다. 한편 IT 분야에서는 EOSC(European Open Science Cloud)를 통하여 EU 내의 data를 공유하는 과제를 공모하고 있으며 동시 다발적으로 "Exscalate-4CoV" 라 불리는 과제를 발표하여 이태리, 스페인, 그리고 독일에 있는 수퍼 컴퓨터와 계산 화학 알고리즘을 이용하여 Covid-19의 단백질체에 잠재적으로 결합할 수 있는 약물을 in silico 로 스크리닝을 시작하였다(이의 지원은 향후 18개월 간 € 3백만).

가장 최근의 뉴스로, 유럽 연합의 27개국은 2020년 7월 21일, 반년간의 Covid-19 사태로 인하여 총체적으로 위축된 사회 경제 의료 보건 복지 고용 무역 과학 기술 문화 전반에 긴급 수혈을 함으로써 유럽의 회복 recovery 을 도모하는 계획을 의결하여 발표하였다. 이 Europe's Recovery Plan 에는 정치 경제 사회 전반에 걸친 여러 면모가 있으며 이 중 과학-기술-혁신과 관련하여, (i) 재난 극복과 사전 준비를 강화하기 위한 € 31억의 예산을 책정한 "rescEU" 과제와, (ii) 확고한 EU 내의 보건 의료 시스템 구축을 위하여 € 94억의 예산을 투입하는 "EU-4Health Progamme"이 발표되었다 [34].

5. 어떻게 끝날 것인가

이 질문에 대한 답을 구하기 위해서는 1918년 스페인 독감의 역사에 의존할 수 밖에 없다 [35]. 지금으로 보면 전근대적인 의료 시설 밖에 없었던 20세기 초반, 당시 전 인류의 1/3을 감염시키고 수천만 명의 희생자를 가져온 스페인 독감 influenza바이러스는, 결국 현재의 코로나 바이러스 판데믹과 별반 다르지 않은 방역 방법으로 종식되었다. 즉, 치료 방법도 백신도 없었던 당시 상황에서, 위생에 각별히 신경을 쓰고 마스크를 착용해가며 환자들을 최대한 격리시키고, 그 사이에 면역 기능을 보유한 사람들이 차츰 증가하여 이들이 사회 전반의 필수적인 기능들을 담당하여 세계 경제가 천천히 회복을 시작하였다. 결국 스페인 독감이라하는 판데믹은, 1920년의 4차 대유행(4th wave) 이 미국, 영국, 유럽, 남아메리카 등지에서 발생하는 것을 끝으로, 독감 확진자 수가 줄어들면서 사라지게 된다.

그 때 당시의 스페인 독감은 A 형인 H1N1 이었으며, 주목할 사실은 유전자 변이로 매년 WHO 에서 새로이 분석-예측하여 제약 회사에 위탁하여 생산하는 현 독감 백신도 결국 동일한 항-H1N1 인 것이다 (이와 함께 A형 H3N2와 B형 바이러스도 포함). 즉,(사람이 아닌) 바이러스의 입장에서의 바람직한 형질은 최대한 많은 수의 개체를 널리 전염시키는 것이고, 일반적으로 이는 치명률이 낮을수록 가능한 것이기 때문에, H1N1 바이러스는 현재에 이르러서도 인류가 고통을 감내하면서 견뎌내는 유행병으로 진화된 것이다.

동일한 논리를 적용하면 Covid-19도 동종의 RNA 바이러스로서 항-CoV-SARS-2 백신의 필요성이 높다고 하겠으며(특히 노령층과 기저질환이 있는 사람), 그러나 상기에서 서술한 바와 같이 백신 말고도 우리 인체의 여러 면역 기능에 의하여 부분적인 제어가 가능하고 치료제들이 개발될 것이기에 중증 환자는 급격히 줄어들 것으로 본다. 즉, 코로나 바이러스가 수 년 후, 전염도는 높지만 치명률이 낮은 형질로 그 유전자가 안정화(?) 되면. 매년(또는 격년으로) 인류가 한 번 앓고 수 주 후에 낫는 유행병 정도가 될 것으로 추측되는 바이다.

…… 1918년과 2020년, 100년을 사이에 둔 두 판데믹을 통하여 증명된 사실이 있다면, 신종 전염병의 출현은 분명히 또 있을 수 있다는 것이며, 인류는 항시 이에 대비를 하여야 한다는 것이다.

6. 한국과의 기술협력 제안

자타가 공인하듯, 2000년대 초기부터 뼈를 깎는 듯한 체질 개선을 하여 이제는 세계의 수위에 있는 우리나라의 바이오 산업 및 제약업계는 그간 눈부신 발전을 해왔다. 특히 삼성 바이오로직스과 셀트리온 기업군은 위탁 생산(CDMO) 및 바이오시밀러(Biosimilars, 동등생물학적제제) 생산을 통하여 수 조원에 달하는 수주/판매를 거듭하여 세계 바이오 산업의 신데렐라로 도약하였고, 이외의 우리 제약업계 일반도 그에 못지 않은 성장 곡선을 보이고 있다. 막상 1등이 되는 것 보다 1등의 유지가 어렵듯이, 어쩌면 2020년의 Covid-19 사태는 우리로 하여금 그 동안의 미비점들을 발견하고 어떠한 기업 환경에서도 견딜 수 있는 전천후 철학을 수립하는, 뜻하지 않은 기회를 제공하고 있다고 할 수 있겠다. 상기의 치료제/백신 개발 내용에 연계되어, 과거/현재/미래를 망라한 몇 가지 구체적 또는 일반적인 제언을 겸허히 올린다:

[제언 1] 렘데시비르는 본래 에볼라 바이러스의 치료제로 개발된 약물이었음을 볼 때, 우리나라에서2002년의 중국의 사스 사태 또는 2015년의 우리나라의 메르스 사태 당시 직접 코로나

바이러스의 RNA 중합 효소를 유전자 재조합 기술로 과량 발현하고 이를 억제하는 약물 연구를(신약이든 약물 재창출 drug repurposing의 방법으로) 강력하게 추진하였다면,(비록 렘데시비르를 대체할 수는 없을지언정), 현 Covid-19의 세계 신약 개발 경쟁에 색다른 변수를 제공할 수 있었을 것으로 본다. 사실, 지금이라도 이의 개발(또는 이와 비슷한 테마의 바이오 신약 개발)을 시작하면 10여년 후의 Covid의 돌기 단백질(S protein) 변종이 나와 시판되는 백신들의 역가가 급격히 저하되었을 경우에 가장 직접적인 효능이 있는 일류의 약물이 될 수 있지 않을까 사료된다.

[제언 2] Drug discovery and development의 life cycle이 급변하는 현 상황에서, 우리나라 제약업계 및 바이오 벤처업계에서 공동으로 또는 개별적으로 생산 사용 판매하는 재창출/재지정 약물을 Covid-19 환자 치료 중인 국내 및 세계 도처의 병원에 공급하여 연구 개발에 인센티브를 제공하고 박차를 가하면, 학연산관 모두를 아우르는 혁신 프로젝트들이 상당수 나오리라 사료되며, 우리나라의 기업들이 직접적으로 해외 stakeholders 와 접목하는 기회를 창출할 것이다.

[제언 3] 판데믹이 산불처럼 급속히 퍼지다 보니, 급할대로 급해진 선진국들은 거액의 정부 지원을 통하여 백신 개발에 올인all-in 노력을 경주하고 있다. 이에 현재 학계에서는 (i) 예방 백신이 조기에 성공적으로 개발되는 시나리오와(그리고 이렇게 된다면 그 이상 바람직한 것은 없을 것임), (ii) 예기치 않게 세포 감염 경로 및 그 치료가 점점 복합적으로 밝혀지고 있는 Covid-19 바이러스의 현 주소를 감안하여 치료제/백신이 중장기적으로 개발되는 시나리오의 두 가지로 구분하고 있다. 이미 (i)의 경우

에 많은 투자가 된 상황에서, 우리나라에서는 (ii)에도 동일한 적극적인 지원을 하는 것이 신중할 것으로 사료된다.

[제안 4] 현재 세계의 학제 양상은 점점 전문화, 세분화되고 있으며, 각 개인이 자신의 분야에서 세계 수준의 최고의 깊이와 권위를 추구하고 얻도록 노력해야 함은 물론이며, 이를 항상 제1순위로 간주되어야 할 것임. 그러나 이와 함께 21세기 전문가의 새로운 의무 사항이라면 타 분야의 전문가와 주기적으로 서로의 연구를 공유하고 의사소통하는 것이며, 이를 위한(현재에도 다수 이루어지고 있는) cross-disciplinary 만남을 더더욱 도모하면 좋을 것으로 생각된다.

[제언 5] 2019년 말과 2020년 초에 코로나 바이러스를 직접적으로 다루며 전문적으로 연구하는 생명과학자, 의과학자들은 중국 우한의 바이러스 연구소, 우리나라 및 대만 등의 SARS, MERS 관련 연구팀 등을 제외하면 그다지 많지 않았다. 그러나 이 판데믹의 해법이 결국 세포 / 유전자 / DNA / RNA / 단백질 / 수용체 / 효소 / 대사산물 / 조직 / 기관 / 약물 등의 다중상호관계를 실험적으로 논하고 밝히는 작업인 관계로, 이제는 생명과학, 의과학, 또는 생물 공학의 세부 분야 중에 코로나 바이러스와 관련이 없는 연구는 하나도 없다고 해야할 것이다. 즉, 이번 기회에 증명 받은 것이 있다면, 미래의 위기를 미리 예측하지 못하는 우리이기에, 미래의 결실을 예측하지 못하는 기초 및 응용 과학 연구가 필요한 것이다.

…… 의학사상, 이토록 다양한 증세와 복합적이고 다각적인 치료를 필요로 하는 질병이 인류를 엄습한 예가 없었던 것을 감안하면, 결국 모두가 차근 차근, 차곡 차곡 기본에 충실하다 보면, 앞으로 또 발생할 수 있을 신종 감염병으로 부터의 인류의 피해는 과학 발전의 깊이와 폭에 반비례하여 줄어들 것이다.

참고문헌

[1] Worldometer, 2020.7.30. 09:00 GMT현재, 확진자 17,208,031명, 사망자 670,620명, 회복자 10,723,022명 https://www.worldometers.info/coronavirus/

[2] Milken Institute, FasterCures center, 2020.7.30. 현재, https://covid-19tracker.milkeninstitute.org/

[3] Corum J, Grady D, Wee S-L, Zimmer C, New York Times Coronavirus Tracker, 2020.7.30. 현재, *New York Times*, https://www.nytimes.com/interactive/2020/science/coronavirus-vaccine-tracker.html

[4] Staines HM, Kirwan DE, Clark DJ, et al, "Dynamics of IgG seroconversion and pathophysiology of COVID-19 infections", *MedRXiv* 2020.6.9.

[5] Götzinger F, Santiago-García B, Noguera-Julían A, et al, "COVID-19 in children and adolescents in Europe: a multinational, multicentre cohort study" *Lancet* 2020.6.25.

[6] Ma H, Hu J, Tian J et al, "A single-center, retrospective study of COVID-19 features in children: a descriptive investigation", *BMC Medicine*18: 123, 2020.5.6.

[7] Klok FA, Kruip MJHA, van der Meer NJM, et al, "Incidence of thrombotic complications in critically ill ICU patients with COVID-19", *Thrombosis Research*191: 145-147, 2020.7.1.

[8] Zhang Y, Xiao M, Zhang S, et al, "Coagulopathy and Antiphospholipid Antibodies in Patients with Covid-19", *New Engl J Med* 382: e38, 2020.4.23.

[9] Liu R, Wang Y, Li J, et al, "Decreased T cell populations contribute to

the increased severity of COVID-19", *Clin Chim Acta* 508: 110-114, 2020.5.13.

[10] Kuri-Cervantes L, Pampena MB, Meng W, et al, "Immunologic perturbations in severe COVID-19/SARS-CoV-2 infection", *BioRXiv* 2020.5.18.

[11] Mathew D, Giles JR, Baxter AE, et al, "Deep immune profiling of COVID-19 patients reveals patient heterogeneity and distinct immunotypes with implications for therapeutic interventions", *BioRXiv* 2020.5.23.

[12] Zhang R, Li Y, Zhang AL, et al, "Identifying airborne transmission as the dominant route for the spread of COVID-19", *PNAS* 117(26): 14857-14863, 2020.6.11.

[13] RNA 바이러스 중에 백신이 개발된 것은 신생아에게 필수 예방 접종을 하는 백신은 소아마비 백신이고(그나마 소아마비 백신의 효과는 50%에 지나지 않기 때문에 두 번의 boosting 이 필요), 항원 소변이(antigenic drift) 때문에 매년 새로운 항체를 유발하여야 하는 독감 백신만이 있다.

[14] Beigel JH, Tomashek KM, Dodd LE, et al, "Remdesivir for the Treatment of Covid-19 - Preliminary Report" *New Engl J Med* 2020.5.22.

[15] BBC News, "Remdesivir: Five Indian and Pakistani firms to make drug to 'fight coronavirus'", 2020.5.14. https://www.bbc.com/news/world-asia-india-52659052 .

[16] 황예랑 기자, 한겨레 신문, "'렘데시비르' 코로나19 치료제로 오늘부터 국내 공급" 2020.7.1. http://www.hani.co.kr/arti/society/health/951719.html .

[17] BBC News, "Coronavirus: US buys nearly all of Gilead's Covid-19 drug remdesivir", 2020.7.1. https://www.bbc.com/news/world-us-canada-53254487 .

[18] Press Release "European Commission secures EU access to Remdesivir for treatment of COVID-19", 2020.7.29. European Commission, https://ec.europa.eu/commission/presscorner/detail/en/ip_20_1416

[19] Salazar E, Perez KK, Ashraf M, et al, "Treatment of Coronavirus Disease 2019(COVID-19) Patients with Convalescent Plasma", *Am J Pathology* 2020.5.27.

[20] Horby P, Lim WS, Emberson J, et al, "Effect of Dexamethasone in Hospitalized Patients with COVID-19: Preliminary Report", *MedRXiv* 2020.6.22.

[21] Kim D, Lee J-Y, Yang J-S, et al, "The Architecture of SARS-CoV-2 Transcriptome" *Cell* 181: 914-921, 2020.4.7.

[22] Yoshimoto FK, "The Proteins of Severe Acute Respiratory Syndrome Coronavirus-2(SARS CoV-2 or n-COV19), the Cause of COVID-19", *Protein J* 39: 198-216, 2020.5.23.

[23] Gussow AB, Auslander N, Faure G, et al, "Genomic determinants of pathogenicity in SARS-CoV-2 and other human coronaviruses", *PNAS* 117(26): 15193-15199, 2020.6.10.

[24] Gordon DE, Jang GM, Bouhaddou M, et al, "A SARS-CoV-2 protein interaction map reveals targets for drug repurposing ", *Nature* 2020.4.30.

[25] van Dorp L, Richard D, Tan CCS, et al, " No evidence for increased transmissibility from recurrent mutations in SARS-CoV-2", *BioRXiv* 2020.6.30.

[26] Korber B, Fischer WM, Gnanakaran S, et al., "Spike mutation pipeline reveals the emergence of a more transmissible form of SARS-CoV-2". *BioRXiv* 2020.05.05.069054.

[27] Zhang L, Jackson CB, Mou H, et al., "The D614G mutation in the SARS-CoV-2 spike protein reduces S1 shedding and increases

infectivity. *BioRXiv* 2020.06.12.148726.

[28] Eaaswarkhanth M, Al Madhoun A, Al-Mulla F, "Could the D614G substitution in the SARS-CoV-2 spike(S) protein be associated with higher COVID-19 mortality?" *Int J Infect Dis* 96: 459-60, 2020.5.26.

[29] Worldometer, 2020.7.30. 09:00 GMT현재, 스웨덴은 자국 인구 백만명당 사망자가 567 명이다. 이와 대비하여 인근 스칸디나비아 국가들의 자국 인구 백만명당의 사망자수는, 덴마크 106 명, 노르웨이 47 명, 핀랜드는 59 명임; https://www.worldometers.info/coronavirus/

[30] Sekine T, Perez-Potti A, Rivera-Ballesteros O, et al, "Robust T cell immunity in convalescent individuals with asymptomatic or mild COVID-19", *BioRXiv* 174888, 2020.6.29.

[31] Lee JS, Park S, Jeong HW, et al, "Immunophenotyping of COVID-19 and influenza highlights the role of type I interferons in development of severe COVID-19", *Science Immunol* 5(49) eabd1554, 2020.7.10.

[32] O'Neill LAJ, Netea MG, "BCG-induced trained immunity: can it offer protection against COVID-19?", *Nature Rev Immunol* 20: 335-337, 2020.5.11.

[33] Escobar LE, Molina-Cruz A, Barillas-Mury C, "BCG vaccine protection from severe coronavirus disease 2019(COVID-19)", *PNAS*In press(2008410117), 2020.7.9.

[34] European Commission "Recover plan for Europe" 20207.21. https://ec.europa.eu/info/live-work-travel-eu/health/coronavirus-response/recovery-plan-europe_en

[35] Barry JM, "The Great Influenza: The Story of the Deadliest Pandemic in History", Penguin Books, 2004.